献给伊莎

# 目 录

导言 Mechanical Turk（机械土耳其人网站）／1

第一章 硅谷的剩余劳动力……11

第二章 人工智能还是人类智能？……35

第三章 作为服务的人类……50

第四章 掘墓工作……73

第五章 无收入者的抗争……94

后记 微工作乌托邦？／122

致谢／132

导　言
Mechanical Turk（机械土耳其人网站）

　　我们生活在一个科技奇迹的时代。今天，机器在下棋、写流行歌曲和自动驾驶汽车方面超越了人类。自动化商店允许顾客自行购物结账后离开，无须人工结账。机器很显然正在试图通过植入人类大脑的微型芯片，解读我们的思想。硅片理想国做出承诺，将会治愈我们病入膏肓的地球，带我们前往火星，实现长生不老，将人类从无聊的劳作中解救出来，抵达某种神明的境界。这是一个富裕的世界，一切问题都已迎刃而解，便捷和奢华成为常态。

　　但这个世界的根基却令人生疑，科学进步不可避免地推动社会向前发展只是少数科技大亨的梦想。反面乌托邦，或乌托邦的反面思考，困扰着这种计算机控制论下的和谐社会的幻想，在光鲜的表面之下，这种和谐建立在越来越严重的压迫、监视和原子化的基础上。每一个世界性的历史事件，无论是金融危机，还是疫情，似乎只会加速我们向其中心——一个"无接触的未来"——前进。在那里，我们被鼓励避开他人，待在家里，家不再仅仅是个人空间，同时还是我们的办公室、购物中心、健身房、医生和娱乐场所。[1] 物联网覆盖着我们的睡眠、会议和心率，将每个现象转化为数据，然后作为优化服务反馈到我们的生活中，所有这些服务都是由某个平台提供的。在家庭之外，"智能城市"却只是提供了更加严密的监控，弱势群体就像风险档案一样，在生物识别和面部识别技术的监控下艰难度日。算法将所有的身体、空间和机构都编织在一张机器感知的大网之中，这个网非常致密，计算智能变得司空见惯，人们对其甚至视而不见。通过这种由传感器、追踪器和摄像头构成的难以觉察的矩阵，资本能够获得代码和认知的新型财富。从气象学到生物统计学，从微观世界到宏观宇宙，越来越多的生命受到数据交换的奴役。数据变形为各种各样的异化机器：自动驾驶汽车取代了出租车和卡车司机，算法取代了管理者的权威，算法诊断癌症的准确率超过了任何医生。

然而，这个自动化的梦想世界更多是幻想，而非现实。在搜索引擎、应用程序和智能设备的背后，是大量的工人，他们被放逐在全球化体系的边缘，缺乏其他选择，被迫清理数据和监督算法，仅能挣得几美分的报酬。脸书和推特似乎能够自动精确地去除暴力内容，但决定什么是色情或仇恨言论的，并非算法。面部识别摄像头似乎可以自动识别人群中的某一张面孔，或某一辆自动驾驶卡车。而事实上，机器学习的神奇全在于标注数据的繁重劳动。在硅谷的货物崇拜仪式的背后，是筛选仇恨言论、标注图像、向算法展示如何识别一只猫的繁重工作。

---

[1] Naomi Klein, 'How Big Tech Plans to Profit from the Pandemic', *The Guardian*, 13 May 2020.

本书认为，主要是那些报酬极低，且对身心有害的劳动让我们的数字生活变成可能，而不是算法。杰夫·贝索斯（Jeff Bezos）在亚马逊的 Mechanical Turk（机械土耳其人）网站的开幕式上向全世界宣布，"可以将其视为微工作，这样你只需花 1 分钱，就可以雇用人来告诉你在一张照片中是否有人"。亚马逊的 Mechanical Turk 网站是第一个，也是迄今为止最著名的此类网站。[1] 在这类网站上，像通过对图片上的人进行标记来训练人工智能的工作仅仅持续 1 分钟。即使是更长时间的工作也往往不会超过 1 个小时。微工作网站允许承包商将较大的项目分解成极其短暂的工作。承包商将这些"人类智能任务"（HIT）发布在网站上，这些工作会出现在成千上万个工人，那些被称为 Turker（机械土耳其人平台工人）的人的屏幕上，他们会争先恐后地一件一件地完成这些工作。平台从每笔交易中获取 20% 的分成。这种工作是远程进行的，除了在线论坛，这些工人从未相互见面。

Mechanical Turk 网站是 21 世纪工作的原型，它让资本获得权力，却让工人丧失力量。如今出现了众多效仿该网站的竞争对手，例如 Appen、Scale 和 Clickworker 等平台，它们为从科研到资本的当代巨头们——脸书和谷歌——的承包商提供激动人心的干净数据和廉价劳动力。这些网站都是利用劳动力营利的经纪人，它们寻找迈克·戴维斯（Mike Davis）所谓的"剩余人口"——被全球经济本体排除在外的人口——以零散的方式满足大型科技公司的需

---

[1] Moritz Altenreid, 'The Platform as Factory: Crowdwork and the Hidden Labour behind Artificial Intelligence', *Capital and Class* 44 (2), 2020.

求。[1]工人接受雇用的时间长度仅仅是一件任务的长度，工人们在就业和失业状态之间变化不定，很可能在一天之内为无数公司工作。这些网站将这种变化不定包装成为灵活性，从而宣称自己是一种新型劳动契约的有益的、前瞻性的守护者，他们声称这种新型劳动契约是为那些希望在安全和体面薪酬方面有更大"独立性"的一代工人量身定做的。然而，这种雇佣模式的唯一受益者是承包商——通常是大型科技公司，如推特、脸书和谷歌——他们可以逃避更加常规的雇佣所带来的责任。为这些网站工作的人不再被归类为"工人"，而是被归类为"自由职业者""独立承包商"，以及——或许最令人震惊的是——"玩家"，他们放弃了权利、规则和最后一丝讨价还价的能力。[2]

平台资本的残酷逻辑正在将本已相当凄凉的全球劳动力市场转变成为一个临时和短暂就业的灰色地带。但阅读关于微工作的论述，我们会以为这种数据工作是一种全新现象。关于"人类云""人类即服务"和"即时工作"的充满自信的论断，暗示着以工作日为特征的老式世界一跃成为以"人机混合"为特征的美丽新世界。[3]杰夫·贝索斯用

---

[1] Mike Davis, *Planet of Slums*, Verso, 2006, p.174.

[2] Siddharth Mall, 'Top Playment Players Are Spending More Time on the App Than on Social Media', Linked In, 27 February 2017.

[3] See Sarah O'Connor, 'The Human Cloud: A New World of Work', *Financial Times*, 8 October 2015; Jeremias Prassl, *Humans-as-a-Service: The Promise and Perils of Work in the Gig Economy*, Oxford University Press, 2018; Valerio De Stefano, 'The Rise of the "Just-in-Time Workforce": On-Demand Work, Crowdwork and Labour Protection in the "Gig-Economy"', International Labour Organization, 2016. See also 'Digital Labour Platforms and the Future of Work: Towards Decent Work in the Online World', International Labour Organization, 2018.

"人工的人工智能"来表明,在一个爆炸式增长的"新经济"中,工人和算法之间达成一项高科技协定。[1]基于这个原因,像世界银行这样的机构将微工作视为一种最新手段,用来将全球南方的经济从非正规工作、债务负担和持续增加的贫民窟的慢性死亡中拯救出来,之前它们曾经设想过很多其他的手段。[2]如果本书有一个目标的话,那就是让读者相信,微工作并非全球南方的福音,而是全球工作危机的进一步扭曲。微工作是印度、委内瑞拉和肯尼亚等国家的边缘群体中不断加剧的增长缓慢、无产阶级化和劳动力需求下降等趋势的总和。我们将在第一章中表明,这些网站不断增长的数据,并非资本主义的成功故事,而是在正规劳动力市场上找不到工作的、数量不断增长的人口的悲惨历史。他们通常是那些待在监狱、难民营和贫民窟的人,那些完全失业或未充分就业的人,他们令人遗憾地是劳动力过剩的体现者。

因此,在2008年股市崩盘至今的漫长时期里,这些网站上的人数激增或许并不令人奇怪。虽然没有全球从事微工作的工人的确切数字,但目前估计这一数字大约为2000万,其中很大一部分生活在全球南部,即南美、东亚和印度次大陆。[3]这些工人中有很多受过较好的教育,但脱离

---

[1] 'What Is Mechanical Turk?', Pew Research, 11 July 2016.
[2] Vili Lehdonvirta, 'From Millions of Tasks to Thousands of Jobs: Bringing Digital Work to Developing Countries', World Bank, 31 January 2012. See also 'The Global Opportunity in Online Outsourcing', World Bank, June 2015.
[3] Mary L. Gray and Siddharth Suri, *Ghost Work: How to Stop Silicon Valley from Building a New Global Underclass*, Houghton Mifflin Harcourt USA, 2019, p.xxiv.

了正规劳动力市场。[1]在全球北方教育程度过高而就业率过低的工人中，从事微工作的人数也在上升。在英国，调查显示，多达 5% 的工作年龄人群每周至少使用一次这些网站。[2]对这些工人来说，微工作大多是兼职，以增加工作时间和补贴停滞不动的工资。[3]然而，对全球很多人来说，微工作就是一份全职工作。国际劳工组织的一项调查发现，36% 的工人每周正常工作 7 天。[4]

从每个平台公布的用户人数来看，在这些网站上工作的人数可能远远高于目前的估计。在过去的 10 年里，仅 Clickworker 一个网站的用户就增长到了 200 多万，而像 Appen 这样的小网站的用户数量也已经超过了 100 万。如果使用这些平台的工人被归类为雇员，那么这些签约公司就是当今世界最大的雇主之一，仅次于为数不多的几个国家政府和沃尔玛。有点令人难以置信的是，中国的众包平台猪八戒网号称拥有 1200 多万用户，这使其成为世界上最大的劳务承包商。[5]

对于华盛顿共识（Washington Consensus）的支持者来说，越来越多靠琐碎数据工作生存的人是人工智能明确的受益者，面对那些预测自动化会制造大量受害者的源源不断的媒体报道，这种论点真是一种轻巧的反驳说辞。而事实证明，受害者和受益者之间的界限在这里并不是那么

---

[1] 'Digital Labour Platforms', p. 88.
[2] 'Platform Work in the UK 2016—2019', TUC and University of Hertfordshire, 2019.
[3] 同上。
[4] 'Digital Labour Platforms', p.xvii.
[5] 猪八戒网提供从宏观项目到微观任务的一系列付费在线工作。没有数据显示有多少工作实际上是微工作。参见 "The Global Opportunity"。

清晰。被聊天机器人替代的呼叫中心工作人员和被自动结账商店替代的结账人员，最有可能在21世纪的资本风暴中漂泊，从而被迫进入在线任务的可怕的避难所。

微工作的支持者会坚持认为，工作还是有的。但是，正如在亚马逊的Mechanical Turk网站上做任务的工人不到每小时2美元的平均工资所示，即使自动化没有完全消灭工人，但它现在已经把他们推到了生存的边缘。[1]

这与本书的第二个主题有关。过剩人口长期以来都不被当作正常的人类，他们是国家残酷政策的受害者。而现在他们在硅谷精英的实验中遭遇了非人的待遇。正如贝索斯将Mechanical Turk网站描述为"人工的人工智能"所示，工人不是被当做人类，而是被当作计算机基础设施。程序员通常使用应用程序编辑接口与计算机进行交互，应用程序编辑接口将雇主和工人连接起来。然而，在微工作网站上，雇主与假扮成计算机的人进行交互。工人们消失在了机器的巨大阴影中，因此那些雇主，尤其是更大的平台客户，就能够坚持营销策略，而不受任何干扰。按照脸书、谷歌、亚马逊和无数希望获得风险资本的初创企业的策略，它们的商业模式异常精简，几乎不依赖高风险的劳动力领域，完全转向依赖复杂的算法。它们承诺完成卡尔·马克思在19世纪所预测的一个进程，即劳动力将被科学技术代

---

[1] Kotaro Hara, Abi Adams, Kristy Milland, Saiph Savage, Chris Callison-Burch, and Jeffrey P. Bigham, 'A Data-Driven Analysis of Workers' Earnings on Amazon Mechanical Turk', *Proceedings of the 2018 CHI Conference: Human Factors in Computing Systems*, April 2018, pp. 1—14.

替,成为资本生产力的核心要素。[1]尽管平台在加速这一进程,但人们只需要看看富士康黑暗的魔鬼工厂或被称为"吃人矿山"的塞罗里科锡矿就会发现,目前这些承诺尚未兑现。平台外包劳动力,却不会将劳动力计入账本,并向用户、投资者和客户隐藏劳动力的存在,这样让它们显得比实际上更加技术先进,这种情况和为人工智能提供动力的数据工作没有两样。

虽然数据是平台的命脉,但数据的生产并不像我们平常认为的那样。我们可以看到苹果手机的硬件,并从它的物质性中看到制造它所需要的劳动力。但我们既看不到也摸不着通过苹果手机的软件传输的数据。我们永远都不会被迫面临数据也必须被生产这样一个事实;数据虽然飘渺不定、难以捉摸,但同硬件一样,都是人类劳动的结果。人的双手和大脑完成的工作似乎只是智能机器的产出,但这是一个巨大的误解。这种对数据的迷恋——只看见自动化无人机,而看不见为数据进行分类的人;只看见社交媒体,而看不见筛选信息的工作人员——掩盖了自动化真正的藏身之所,即那些越来越多的脱离了正常就业,断断续续地承担着训练机器学习任务的工人。

像马克思曾经进入19世纪的工厂一样,要进入自动化的藏身之所,本书还必须深入探索平台资本主义的黑暗深处,而平台资本主义在21世纪迅速发展成为占据主导地位

---

[1] 马克思关于科技代替工人,以及相对剩余人口的论述,参见 Karl Marx, *Capital* Volume 1, Penguin Classics, 1990, pp. 794—800. See also Karl Marx, *Grundrisse*, Penguin Classics, 1993, pp. 694—695, 704—706。

的经济模式。[1]到2019年,亚马逊、脸书、微软、Alphabet(谷歌)和苹果跻身全球最具价值企业前五,中国平台阿里巴巴、京东和百度紧随其后。对这些公司的崛起至关重要的是它们已经掌握的巨大的计算能力。作为为用户提供见面、社交、交易和消费空间的数字基础设施,平台能够获取大量个人数据,这些数据来自我们的在线浏览、全球定位位置、我们在社交媒体上的对话和我们在苹果智能软件Siri面前所说的话。[2]这些平台积累的数据越多,它们为人工智能提供的信息越多,它们能够获得的自动化程度也就越高。

然而,如果自动化的"最后 1 英里"真的近在眼前,那么这 1 英里将是非常长的 1 英里。[3]即使硅谷通过某种不可能的飞跃实现了其梦想,自动化了它从中获取铜的刚果矿山、将零部件组装成电脑的富士康工厂,以及汽车借以学习自动驾驶的优步出租车,几乎所有相关技术都依赖于数据处理——标记、分类和归类——这些任务依然缺乏技术解决方案。算法不仅在一开始的时候就需要干净的数据,而且在启动运行的时候,同样依赖持续不断的监督和改进。就像莉莉·伊拉尼所说,"为了适应不断变化的环境,需要人力来配置、校准和调整自动化技术,无论这些变化是不同形状的产品,还是飞入工厂的鸟"。[4]

全自动奢华资本主义的硅谷梦,或许的确是一个梦,

---

[1] 关于"平台资本主义"最详尽的论述,参见 Nick Srnicek, *Platform Capitalism*, Polity, 2016。
[2] Srnicek, *Platform Capitalism*, pp. 43—44.
[3] Gray and Suri, *Ghost Work*, p. 38.
[4] Lilly Irani, 'Justice for Data Janitors', Public Books, 15 January 2015.

但对诞生于危机和长期衰退、建立在崩溃的民主制度之上，并不时遭受气候灾难和经济紧缩的 21 世纪来说，这个梦想依然是一个魂牵梦绕的渴望。[1] 当下，这个想象中的乌托邦和现实中的反乌托邦正在以一种怪异的组合舞姿走向灾难。当聊天机器人取得重大进展的时候，加州山火正在燃烧。当电脑在棋盘上击败人类的时候，数百万人正在遭受人畜共患疾病的奇怪症状的折磨。人类无法把握历史发展的动力，无法创造一个更加美好的世界，人类即将面临这样的一个未来，那时候智能出租车默默行驶在整夜肆虐的狂风骤雨中。当极端天气事件和大流行疾病将越来越多的人变成难民、囚犯和经济流亡者，生活的负担——无法在经济主体中购买商品——以软件代码的形式呈现给硅谷，硅谷按其所需决定使用或拒绝使用这些代码。

但这些被视为过剩的人口正在多条战线上展开反击，他们的斗争或许有助于创造一个更美好的世界。微工人们在没有其他人帮助的情况下，已经在切切实实地努力组织起来对抗资本。越来越多的事件表明，平台工人和其他被剥夺者正在联合力量。这也是本书最后谨慎地持有的一点希望所在。

---

[1] 关于"全自动化奢华共产主义"的论述，参见 Aaron Bastani, *Fully Automated Luxury Communism*, Verso, 2019。

# 第一章
# 硅谷的剩余劳动力

一名妇女生活在肯尼亚的达达布难民营,这是全世界最大的难民营之一,她穿过巨大的、尘土飞扬的难民营,前往营地中央摆满电脑的棚屋。像很多其他被放逐在我们全球体系边缘的人一样,她每天辛苦劳作,为数千英里外作为新兴资本主义先锋的硅谷工作。[1]一天的工作可能包括给视频分类,转录音频,或给算法展示如何识别各种猫的照片。在缺乏真正就业的情况下,敲击电脑的微工作是达达布难民营的人为数不多的"正式"选择之一,虽然这样的工作不稳定、艰辛,而且工资按件支付。拥挤不堪、密不透风的工作空间,布满了乱成一团的电缆电线,与宇宙新主人们生活居住的天国一般的校园形成完美对比。亚马逊首席执行官杰夫·贝索斯1小时能赚1300万美元,一个难民教贝索斯的算法如何识别一辆汽车1小时仅赚几美分,体现了由可牺牲的生命构成的巨大而且正在变得更大的贫民窟,与智能机器人和亿万富翁构成的资本主义先锋之间不断扩大的鸿沟。[2]只需要轻轻点击一下鼠标,就把野蛮和崇高捆绑在了一起。

  同样的点击鼠标的经济决定了中东难民的命运。他们被迫调整睡眠模式，来满足地球另一端和不同时区的公司的需求。黎巴嫩夏蒂拉难民营的大部分叙利亚人放弃了他们的梦想，转而去为那些遥远的资本家服务。[3] 他们在晚上给城市地区的镜头进行归类——"房子""商店""汽车"——这些归类在命运的严酷的运转中，将这些归类人员曾经居住的街道进行标注，很可能是在为自动无人机系统服务，无人机将会把炸弹投掷在他们标注的这些街道上。[4] 由于他们工作的这些网站极为不透明，因此无法确切地知道他们工作的具体目的或受益者。就在不远处，失业的巴勒斯坦人正在成为 M$_2$Work 的目标，这是一个诺基亚和世界银行之间的合作项目，旨在让"世界上最贫困的人"获得新型的微就业。[5] 致力于在全球南方"创造就业机会"的世界银行无疑将巴勒斯坦30%的失业率视为一个不容错过的机会——一个尚未开发的廉价劳动力来源，随时会被我们的美丽"新经济"所依赖的巨大电信网络带入全球资本领域。

---

[1] Stephanie Hegarty, 'How Silicon Valley Outsources Work to African Refugees', BBC, 18 June 2011.
[2] Ruchi Gupta, 'How Much Does Jeff Bezos Make a Second', *Market Realist*, 13 August 2020.
[3] Miranda Hall, 'The Ghost of the Mechanical Turk', *Jacobin*, 16 December 2017.
[4] 外包程序的不透明性让人很难明确判断工人们在服务于哪个平台，但将无人机数据培训工作外包给中东地区工人的平台的例子，参见 http://scale.com/drones。
[5] Vili Lehdonvirta, 'From Millions of Tasks to Thousands of Jobs: Bringing Digital Work to Developing Countries', World Bank, 31 January 2012.

$M_2$Work只是众多的"有偿众包"企业中的一个,这些企业利用微工作来获得全球劳动力中曾经无法触及的那部分。由Deepen AI公司运营的非政府组织Lifelong培训叙利亚难民为谷歌和亚马逊等公司注释数据。[1]同样,非营利平台Samasource培训乌干达、肯尼亚和印度的难民完成短期数据任务,并积极招募难民为亚马逊的Mechanical Turk网站工作。[2]该平台的口号是"给予工作,而非援助",完美地概括了此类项目的宗旨。Samasource创造了"微工作"一词来表示反映其宗旨的小额贷款项目。就像向失业者和穷人提供的小额信贷一样,认为市场是一种灵丹妙药的激进信念为这些项目提供理由,但这些项目只能让一些相关国家陷入债务、战争和贫困的循环之中。微工作没有权利和安全保障,也缺乏日常规律性,而且报酬极为微薄——虽然让一个人免于饿死,却让其在社会上处于瘫痪无力的状态。困在难民营、贫民窟和殖民占领地的工人们,被迫从事微工作,仅仅是为了在赤贫的生活条件中活下去。[3]这些计划中赤裸裸的种族化遵循监狱工业综合体的逻辑,其中过剩人口——主要是黑人——被关进监狱,并依法被迫劳动,这些报酬微薄,甚至没有报酬的劳动是他们服刑

---

[1] Nicola Croce, 'The New Assembly Lines: Why AI Needs Low Skill Workers Too', We Forum, 12 August 2019.
[2] Joel Ross, Lilly Irani, M. Six Silberman, Andrew Zaldivar, and Bill Tomlinson, 'Who Are the Crowdworkers? Shifting Demographics in Amazon Mechanical Turk', *CHI EA '10: CHI '10 Extended Abstracts on Human Factors in Computing Systems*, April 2010, pp. 2863—2872.
[3] 关于最先使用"赤贫生活"(bare life,又译"赤裸生命")的例子,参见 Giorgio Agamben, Homo Sacer: Sovereign Power and Bare Life, Stanford University Press, 1998。

的一部分。[1]微工作项目同样在剥削那些困在经济阴影中的人，成为某种可被称为难民工业综合体的一部分。

Samasource 的前首席执行官莱拉·贾纳选择用更加委婉的"虚拟装配线"一词，试图将贫困包装成为勤劳的尊严，他这样做不足为奇。[2]虽然比最糟糕的非正规工作更加安全，在某些情况下报酬也更高一些，但微工作通常仍然是那些走投无路之人的专利。事实上，微工作经常针对那些饱受战争、内乱和经济崩溃蹂躏的人群，不是因为这些机构愿意忽略他们的绝望境地——正如贾纳等许多倡导者所坚持的那样——而恰恰是因为他们的绝望境地而挑中他们。这些机构明白，内罗毕的基贝拉贫民窟或加尔各答棚户区的工人根本没有资格对微薄的工资或极少的权利进行抗议。[3]

这就是自动化的秘密所在——一个由难民、贫民窟居民和无法继续从事某种职业的人员组成的全球性的分散综合体，他们为贫困或法律所迫，为谷歌、脸书和亚马逊等公司的机器学习提供支持。以自动驾驶汽车为例，它是许多大型平台的一个不断发展壮大的行业，估计2019年的价值为540亿美元，到2026年将超过5500亿美元。[4]特斯拉等公司所需的大量劳动力，都是为了提供干净、带注释的

---

[1] 关于监狱工业综合体的详细讨论，参见 Ruth Wilson Gilmore, Golden Gulag: Prisons, Surplus, *Crisis and Opposition in Globalizing California*, University of California Press, 2007, pp. 113—115。
[2] Leilah Janah, 'The Virtual Assembly Line', Huffpost, 26 May 2010.
[3] Dave Lee, 'Why Big Tech Pays Poor Kenyans to Teach Self-Driving Cars', BBC, 3 November 2018.
[4] Ed Garstein, 'Sharp Growth in Autonomous Car Market Predicted but May Be Stalled by Rise in Consumer Fear', *Forbes*, 13 August 2018.

数据，以帮助其无人驾驶车辆导航交通。从车载摄像头拍摄到的图像包含大量原始视觉数据，要使其变得有用，必须首先对其进行分类和标记。然后，标记的数据向汽车展示如何区分城市环境，识别从行人和动物到路标、交通信号灯和其他车辆的一切事物。数据培训很少在公司内部进行。相反，像特斯拉这样的公司将这项工作外包给了全球南方。2018年，超过75%的数据被身处最绝望境地的委内瑞拉人标记。[1] 在该国经济崩溃之后，当通货膨胀率达到百分之一百万时，大量新失业者——包括许多前中产阶级专业人士——转向了 Hive、Scale 和 Mighty AI（优步2019年收购了 Mighty AI）等微工作平台，注释城市环境图像，通常每小时的报酬不足1美元。尽管这些网站允许外包业务者匿名，从而使人几乎不可能识别出使用这些网站的大公司，但是人们依然可以相当肯定地推测——以典型的灾难资本主义风格——谷歌、优步和特斯拉在委内瑞拉的危机中获取了最大的好处。估计表明，自动驾驶汽车的大部分数据依然来自该国。[2]

平台资本主义剥削那些所谓的剩余劳动力，包括从经济崩溃的受害者到难民和贫民窟居民，它的利润来自大量微小任务，这些任务被那些被排除在任何正当就业之外的人完成。谷歌和脸书等公司将这些劳动力保持在劳动力市场的边缘，让其成为永久的隐藏劳动力储备，这些人既没有完全就业也没有完全失业。被雇用了一分钟来向算法展

---

[1] Angela Chen, 'Desperate Venezuelans Are Making Money by Training AI for Self-Driving Cars', *MIT Technology Review*, 22 August 2019.
[2] 同上。

示如何识别行人，然后又回到劳动力储备之中，寻找另一个任务，工人们就不断地在这两种状态之中切换。

微工作的劳动力储备与20世纪早期工厂系统的劳动力储备相类似。当时的一名工人描述道，"在工厂和车间门口等待开门的数十名工人"发起了一场"比任何橄榄球比赛都要激烈的争夺战"。[1] 然而，与那些渴望获得一天工作的人不同，在线任务的争夺最多只能获得几分钟的工作。虽然像Samasource这样的平台竭力将微工作表述为"数字领域的基础制造业"，但与工厂工人或棉花纺纱工不同，微工人并没有明确的角色。微工人一天的工作可能包含一系列令人眼花缭乱的不同任务，对微工作的争夺更像非常规领域的争夺，在无尽的经济缝隙中寻求生存。[2] 这个群体是数字领域的小无产阶级，弗兰克·斯诺登对19世纪那不勒斯的生动描绘，能够轻易地替换为现代孟买或内罗毕的悲惨景象：

> 这些男人和女人不是工人，而是"衣衫褴褛的资本家"，他们扮演着各种令人眼花缭乱的角色，让一切对其进行量化的行为都难以实施。地方当局将其称为"微工业家"。街上的精英是卖报纸的人，他们一年只做一门生意，报酬稳定。其他的小贩则是"吉卜赛商人"，是市场上真正的游牧民族，他们伺机而动，在各种活动之间不停地流动。他们卖蔬菜、栗子

---

[1] John Burnett, *Idle Hands: The Experience of Unemployment 1790—1990*, Routledge, 1994, p. 170.

[2] Leilah Janah, 'How Online Work Can Save America', *Tech Crunch*, 21 February 2011.

和鞋带；供应比萨饼、贻贝、回收的衣服；交易矿泉水、玉米棒和糖果。还有一些人充当信使，散发商业传单，或充当私人保洁员，为他人清空粪坑或倒掉垃圾，每周只挣几个辅币。还有人是专业哀悼者，受雇跟随有钱人的灵柩前往波焦雷亚莱的墓地。[1]

Clickworker 或 Mechanical Turk 上的工人仅在一天之内都可能完成类似的"令人眼花缭乱"的任务，范围从音频转录、数据处理、参与调查到更加模糊的差事，例如寻找当地快餐店的信息并将其发在网上。有时候这种任务非常奇怪，例如 Mechanical Turk 上的工人将自己脚的照片上传，能够挣得几美分。[2] 由于缺乏合同、权利、规章制度、明确的职责或稳定的工作安排，微工人和那些早上一起来开始捡拾回收塑料、晚上在火车上兜售纸巾的移民没有太大的不同。微工人每隔几分钟就必须寻找新的任务，生存是一个永远都不确定的目标。将世界银行等机构的吹嘘放在一边，我们可以发现，微工作几乎不能代表南方"就业问题"的新型解决方案，反而是为已经极度膨胀的非正规领域人口增添了新的正式成员。[3]

即使我们将目光投向全球北方的时候，我们也会产生一种灰暗的感觉，即这些平台都是由那些所谓的多余劳动

---

[1] Frank Snowden, *Naples in the Time of Cholera*, Cambridge University Press, 1995, pp. 35—36.
[2] Alex Nguyen, 'Six Weird Crowdsourcing Tasks from Amazon Mechanical Turk', Lionsbridge, 21 January 2019.
[3] 'World Bank Promotes Microwork Opportunities for Jobless Palestinians', World Bank, 26 March 2013.

力驱动的。就像在全球南方一样，微工作在北方也是那些被排斥者和被压迫者的"专利"。有一个鲜明的例子，芬兰服刑人员现在需要为一些处境艰难的初创企业进行数据培训。招聘公司 Vainu 将任务外包给监狱里的囚犯，而这些囚犯本来会为 Mechanical Turk 网站工作，Vainu 希望通过这种行为，促进"一种监狱的改革"。[1] 每完成一项任务，监管芬兰监狱的政府机构都会收到一笔报酬，但没有公开记录显示完成任务的犯人能够得到多少。不良的公关人员试图将该计划包装成为一个"学习某个职业"的机会，不由让人看到其中的恶意，尤其是当人们想到这种工作是多么短暂、局限和艰辛时。[2] 就像犯人不会将耗费巨大体力的耕地的工作当作自己的毕生追求一样，重复向算法展示"苹果"这个词语的各种含义的工作会对人的心理产生破坏作用，这样的工作很显然与从事这个工作的人的未来前景毫无关系。

无论是作为难民营或监狱之中的劳动，还是伪装成福利的劳动，微工作都提供了一种便捷的方式，让剩余劳动力投入工作，不仅为了赚钱，而且为了规训。2008 年金融危机之后的几年里，美国各州政府与 Samasource 签订合同，为寻求在线工作的人进行培训，尤其是在金融危机导致经济倒退和去工业化最严重的铁锈地带。[3] 该计划旨在让长期失业者为美丽新经济做好准备，在这个美丽新经济中，工人们面临的不是全日制的工厂就业和要求苛刻的管

---

[1] Angela Chen, 'Inmates in Finland Are Training AI as Part of Prison Labour', The Verge, 28 March 2019.
[2] 同上。
[3] Deborah Carey, 'Microwork: A New Approach for Labour Disparities', *World Mind*, 9 December 2016.

理人员，而是临时随机的任务和专横无情的算法。由于这些"培训"计划通常与参与者访问平台同时进行，从而很难准确判断什么时候培训结束而工作开始。

虽然这或许是微工作在美欧运作的一个极端例子，但Samasource项目还是揭示了全球北方谁在使用这些平台："下岗教师、行动不便的职业人士、退役军人、有广场恐惧症的作家……和全职父母。"[1]同叙利亚的难民或加尔各答的贫民窟居民一样，这些工人中有很多人也被吸纳进资本的轨道中，却被排除在正式的劳动力市场之外；用卡尔·马克思的话来说，他们构成了"相对过剩人口"，也就是一群从"部分就业"——没有时间维持生计——到完全"停滞"——无期限地没有工资——的人。[2]这些灰心失望的参与者是一个反复无常的经济体制的必要特征，经济体制随着需求的扩大和收缩而雇用或解雇劳动人口。当工人被吸收成为劳动力时，他们就开始依赖工资关系。当劳动力需求下降和工作机会减少时，工人们仍然必须找到其他东西来维持生计——社会福利、非正规工作，不然就得为了食物和住宿而上街乞讨。微工作只是这些令人沮丧的选项中最新的一个。

## 工作末日？

那么，我们是如何走到今天这一步的？全球越来越多

---

[1] Lilly Irani, 'Justice for Data Janitors', Public Books, 15 January 2015.
[2] Karl Marx, *Capital* Volume 1, Penguin Classics, 1990, p. 794.

的人口从事如此不稳定、如此偶然、报酬如此微薄的工作，以至于这样的工作和失业几乎没有区别。在很多衡量标准上，这里的非正规劳动力和正式劳动力几乎无法区分，我们是如何导致这一切的呢？

通常的说法是机器人偷走了我们的工作，计算技术和机器人技术的进步导致了劳动力市场的疲软，当越来越多的工人被完全放逐到经济体系之外的时候，大量工人拼命竞争为数不多的工作，这意味着雇主可以降低工资，取消工人权利。[1]工作正在以世界末日的规模消失不见，这是一个不断被重复的寓言，这个寓言不仅夸大了当前自动化技术的能力，而且忽略了一个突出的事实，那就是科技总是将特定的工作扔进历史的垃圾堆。当下的状况表明了一个整体上更加严重的问题，即这个经济体系已经无法为越来越多进入资本领域的人创造足够的新就业机会。[2]创造就业的速度越来越慢，而依赖工资的工人群体的扩大速度却越来越快，两者之间存在越来越大的脱节。随着增长停滞影响全球系统，工人被迫从事更加不稳定和琐碎的服务工作，而资本转向数据的商品化和人工智能期货的投机性投资，只会进一步导致劳动力过剩。

那么，这是一个关于就业和失业之间的界限如何变得模糊不清的故事。这个故事从1970年代的盈利危机[3]开

---

[1] 关于这一观点的论述，参见 Aaron Bastani, *Fully Automated Luxury Communism*, Verso, 2019。

[2] Aaron Benanav, 'Automation and the Future of Work-I', *New Left Review*, September/October 2019, p. 15.

[3] 1970年代，西方发达国家爆发大规模的经济危机，大量企业倒闭，失业率猛增，股市市值蒸发一半。——译者

始,到垄断平台支配世界结束,在这个垄断平台世界,利润不仅依赖于劳动剥削,而且依赖于数据掠夺,人们虽然继续依赖工资,而工资却越来越难以获得。如同一切关于资本的故事一样,这是一个自相矛盾的故事,数据和人工智能为经济系统注入新的生命力,但世界经济却变得死气沉沉,世界沉浸在其科技表象之中,没有注意到疾病正在其内部肆虐。

二战后的时代代表了资本主义历史上的一个特殊时期,其特点是充满活力,工资上涨,高生产率和相对稳定的经济增长。对于那些从这种经济活力中受益的人——主要是来自全球北方的白人男性雇员——而言,社会民主提供了强大的福利国家保障,而福特主义的经济体制则以其长期和大规模的资本投资创造了稳定的、持久的经济增长,从而为稳定的就业和广泛的工会运动创造了基础。这一共识的中心是从二战后经济废墟中崛起的新的霸权国家——美国。美国在制造业和出口方面的中心地位产生了这一时期的最初经济推动力,并在后来受到新兴的德国和日本经济的互补性竞争的进一步推动。[1]

然而,这一时期非常短暂。从 1960 年代中期开始,美国、日本和德国经济体生产的商品种类越来越同质化。产能过剩很快就开始了,导致了盈利危机和随之而来的我们今天仍在经历的"长期停滞"。[2] 美国制造业背负着过时的、更加昂贵的生产流程,首先受到影响。然后美国通过

---

[1] Robert Brenner, *The Boom and the Bubble*, Verso, 2002, pp. 12—20.
[2] 同上,还可参见 Larry Summers, *Secular Stagnation*, Penguin, 2019。

打破布雷顿森林体系,并通过一系列汇率调整使美元贬值,首先将危机转移到德国和日本,然后再转移到欧洲其他国家。全球制造业的停滞迅速开始,这种经济停滞在此后的几十年里变得更加持久和明显。

随着产能过剩引起经济停滞,现在被广泛称为去工业化的全球进程也开始了。随着全球竞争达到饱和点,美国制造业开始下滑,并很快蔓延到大多数高 GDP 经济体。1965 年至 1973 年期间,美国制造业的盈利能力下降了 43.5%,引发了其他 G7 经济体的同样巨大的利益损失。[1] 1970 年至 2017 年间,美国、德国、意大利和日本经济体的国内制造业工人总数下降了约 1/3;在法国,人数下降一半;在英国,这一比例下降了近 2/3。[2] 现在,这种去工业化的综合且不均衡的发展——一个长期的、不对称的,且往往自相矛盾的过程——不再只是北方发达国家的专利。制造业在全球 GDP 中所占的比例正在呈现逐年下降的趋势。[3]

在过去,像 1970 年代那样的盈利危机代表了资本主义经济体系的历史周期性的、必要的和暂时的特征,往往表明特定的商业周期或行业范式已经结束,表明生产力的提高压低了所有竞争对手的价格,因此相对优势不断缩小。市场因为价格和质量相似的同质商品而趋于饱和,为了重建自身,资本将自行毁灭,将更多的劳动力闲置。一

---

[1] Brenner, The Boom and the Bubble, pp. 18—20.
[2] Benanav, 'Automation and the Future of Work-I', p. 17.
[3] All data on manufacturing, value added as a percentage of GDP, derived from World Bank. Last updated 2019.

旦投资从无利可图的行业转移到新的有利可图的行业，越来越多的失业人口和就业不足人口将被重新启用。[1]随着新兴行业获得发展动力，劳动力将被重新雇用，新的周期将在更大的范围内重新开始。举例而言，在近代早期的英格兰，由于农业领域采用了节省劳动力的革新，从而压低了农产品的价格，使得市场饱和，让大量农业工人遭到解雇，农业资本贬值，劳动力被赶出农村，进入新兴城市，整个农业领域达到饱和状态。[2]这些工人并未长期处于冗余状态，很快就被新兴的纺织业接手。随着珍妮纺纱机和动力织布机的推出，纺织业的生产力飙升，导致纺织业商品价格低廉，推动了消费者需求，进一步刺激了纺织业对劳动力的需求。但随着纺织企业之间竞争的加剧，市场很快达到饱和。随后的盈利危机使得更多工人失业，过剩人口增加，这些过剩人口很快又被电力和电信等新兴产业吸收，从而进一步扩大其系统规模。

这种"解雇、重新雇用、产业扩张"的模式，无论多么残酷，都反映了劳动力在经济周期之间的动荡过渡中的历史节奏。然而，在1970年代的危机之后，这种节奏被打乱了。非正规工作、就业不足、工资停滞、失业式复苏、普遍的不稳定状态和工人运动萎缩揭示了就业危机所具有的一些更为严重的不祥征兆。

为什么会发生这样的情况？一个常见的观点是，下岗工人的再培训的速度赶不上机器代替工人的速度，从而阻

---

[1] Marx, *Capital* Volume 1, pp. 794—795.
[2] 'Misery and Debt', *Endnotes*, April 2010.

碍了下岗工人重新被纳入新的行业。[1]那些从常规制造业下岗的人的问题只是没有获得新的技能，例如成为程序员的技能。我们有充足的理由怀疑这一立场。

一个重要的原因是，计算机与电信、电力和蒸汽机不同，它具有普遍的适用性，因此与以前的科学技术相比，计算机减少了更多行业对劳动力的需求。[2]马克思曾经预测，在资本主义的发展过程中，技术创新的应用将变得更加普遍，从而使劳动力在生产过程中成为越来越多余的存在。[3]许多自动化理论家将马克思预测的严峻时刻定位在当前，认为计算领域和人工智能领域的高生产力的科技创新，正在将越来越多的工人驱逐到经济体系的边缘。[4]然而，这种论点并不完全正确。与过去的工业范式不同，计算机和其他数字技术的发展并未创造出能够吸纳剩余劳动力、从而促进经济体系进一步发展的高效生产力。正如经济学家罗伯特·索洛所说："你可以在任何地方看到计算机时代，只是在生产力数据中却找不到其踪影。"[5]

在某种程度上，该经济体系似乎不是更大规模地生产资本，而是更大规模地生产剩余劳动力。但这并非因为自

---

[1] 关于持这一立场的例子，参见 Carl Benedikt Frey, *The Technology Trap: Capital, Labor, and Power in the Age of Automation*, Princeton University Press, 2019, pp. 246—248。

[2] 'Misery and Debt'.

[3] 关于"资本主义积累的绝对的一般规律"的论述，参见 Marx, Capital Volume 1, pp. 798—802。

[4] 关于这种观点，参见 Nick Srnicek and Alex Williams, *Inventing the Future: Postcapitalism and a World without Work*, Verso, 2015。还可参见 Bastani, *Fully Automated Luxury Communism*。

[5] 关于索洛生产力悖论的论述，参见 Jack Triplett, "The Solow Productivity Paradox: What Do Computers Do to Productivity?", *The Canadian Journal of Economics* 32 (2), 1999。

动化抢走了工作，而是如罗伯特·布伦纳和之后的很多人指出的那样，因为制造业利润的下降。因为制造业利润的下降不仅意味着增长模式的终结，而且未能产生新的增长模式。[1]因此，正如艾伦·贝纳诺所说，劳动力需求下降的原因：

**并非如自动化理论家所言的生产力增长率的提高，而是产出需求的不足，这是由于工业能力在全世界的扩散、相关的资本过度积累，以及随之而来的制造业扩张和经济增长速度的全面下降。这些依然是导致劳动力市场疲软的首要经济和社会原因，而全世界的工人们都是疲软的劳动力市场的受害者。**[2]

自1970年代以来发生的无产阶级化浪潮加剧了这种情况。全球劳动力的增长只是暂时地满足了资本扩张的需要，在劳动力需求越来越少的时候，经济体系被迫容纳越来越多的劳动力供应。1980年代和1990年代前社会主义国家和许多全球南方的去殖民地国家的加入，使得全球劳动力骤然增加，为了容纳这些增加的劳动力，经济系统应该扩大就业需求，而不是缩小。然而真实的情况主要是工作发生转移，而不是创造出新的就业机会，激烈的竞争将原先在全球北方完成的大量工作转移至南方更加便宜的地区。更为严重的是，中国和印度最近才出现的许多制造业

---

[1] See Brenner, *The Boom and the Bubble*.
[2] Aaron Benanav, 'Automation and the Future of Work-2', *New Left Review*, November/December 2019, p. 121.

工作已经成为去工业化的牺牲品。[1]

尽管在整个计算机时代反复预测的工作末日尚未到来，但从长远来看，失业率正在无可争议地上升。战后时期，英国和美国主导的经济体失业率为2%，而其他经济体的失业率仅为1%。[2]从那时候起，5%的失业率成为美国和大部分西欧国家的目标，而经合组织的平均水平现在略高于这个目标。[3]平均而言，1970年代之后美国的失业率接近7%。[4] 1960年至1990年，欧盟的失业率从2%上升到8%，除了2008年金融危机时期的峰值之外，该数字一直相当稳定。[5]在新型冠状病毒肺炎（Covid-19）大流行之后，这种情况或许会发生变化。

然而，更加重要的是，全球劳动力从制造业向"服务业"的巨大转移，服务业是一个极为宽泛的术语，已经变成了制造业或农业之外的任何工作的经济简写，包括金融、零售、酒店业和护理工作。[6]像英国和美国这样去工业化最快的国家，服务业发展最快。从1970年到2016年，英国制造业的经济占比从30%以上下降到10%，服务业则从略高于50%跃升至80%。[7]美国经济也具有类似的趋

---

[1] Robert Rowthorn and Ramana Ramaswamy, 'Deindustrialization: Its Causes and Implications', IMF, September 1997.
[2] Srnicek and Williams, *Inventing the Future*, p. 91.
[3] Data from OECD Unemployment Rate Indicators. Last updated 2020.
[4] Aaron Benanav, 'Precarity Rising', *Viewpoint Magazine*, 15 June 2015.
[5] Olivier Blanchard et al., 'European Unemployment: The Evolution of Facts and Ideas', *Economic Policy* 21 (45), 2006.
[6] Jason E. Smith, *Smart Machines and Service Work: Automation in an Age of Stagnation*, Reaktion Books, 2020, p. 76.
[7] Anna Syed, 'Changes in the Economy since the 1970s', UK Office for National Statistics, 2 September 2019.

势。数据既简单又恐怖，如今服务业几乎代表了英美国家经济的全部价值。

与制造业不同，服务业工作往往如经济学家威廉·鲍莫尔所言，"在科技上停滞不前"。[1] 尽管科技的发展在汽车等行业产生了巨大的生产力提升，但服务业却抗拒科技进步。正如杰森·史密斯所说，"'打扫房间或看护小孩'等'低技能'的服务任务，需要空间感知和计算、动手能力和身体的灵活性，更不用说对特定情况下什么是'干净'或'安全'的隐含的理解，这些都阻碍了让机器进行模仿的尝试"。[2] 基于这个原因，这些工作仍然不能适应影响了制造业的自动化，故而仍然是相对劳动密集型的。越来越多的人被迫从事这些低生产率的工作，这些工作不会以制造业的速度发展，因此必须承受劳动收入份额下降的影响。这就是为什么仓库行业、出租车驾驶、旅馆业和零售业的许多工作都是薪水很低、兼职或需要虚假的"自我雇佣"合同的原因。同时，竞争的加剧意味着绝望的加剧，因为雇主可以借此全面降低薪酬标准。那些被经济体系抛在后面的人被迫从事——或被迫发明——一系列似乎永无穷尽的、新的、难以理解的服务工作，这些工作涵盖了人类活动的方方面面，比如可以想想雇佣朋友和宠物保姆。从这个意义上来说，"服务"一词很可能是用词不当，因为它几乎无法准确表达一个停滞不前的经济体系为工人们准备的真正的苦难储备。

---

[1] William Baumol, 'Macroeconomics of Unbalanced Growth: Anatomy of the Urban Crisis', *American Economic Review* 67 (3), 1967, pp. 415—426.

[2] Smith, *Smart Machines and Service Work*, p. 122.

## 不完全就业

如果说1970年代的危机为1980年代和1990年代出现的以服务为中心的灵活的劳动力市场奠定了基础，那么对2008年金融危机的应对则将这些变化整合为一个全面的"不完全就业"（subemployment）的秩序。不完全就业指的是高度临时性、随机性和偶然性的工作，这些工作涉及大量无偿劳动、严重就业不足或高度的就业中贫穷的状态，或者这些工作并不能保证一个比完全失业的悲惨状态更好的生活。不完全就业是经济复苏永远延迟的整体结果，是2008年之后固化下来的一系列相互关联的现象的体现。过去的10年迎来了一个经济惨淡和政治危险的不稳定时期，而自从19世纪末以来，全球北方的大多数国家政府都在防范这种状态。那时世界上的大部分人的生活仍然依赖非资本主义的农业，而今天已经完全不同，大多数的人都依赖于工资，而工资正在下降。因此，全球劳动力格局正在进入一个由非正规工作、临时工作和虚假工作构成的广阔而荒凉的领域，其中大部分工作，就像领取福利金的失业者必须要参与的公益工作一样，仅仅是为了驯服过剩人口而被创造出来的。尽管不完全就业因人而异，并不均衡，但许多人现在发现自己处在一个介于就业和失业——有薪和无薪——之间奇怪的悲惨区域，这个区域在工业增长的废墟中四面开花。

当别人试图用"不稳定无产者"（precariat）和"糟糕就业"（malemployment）等术语来解释类似现象时，我却想重新启用"不完全就业"一词，这是个自由经济学家在

1970年代首次使用的术语,与其他术语不同,它表明就业和失业在很多情况下已经变得面目全非。[1]不完全就业一词利用了前缀"sub"的一系列含义(等同于、低于、不及、不完美、几乎和受控制),有助于将一系列看似完全不同但相互关联的现象综合成一个术语,我们可以用其来命名经济增长放缓的时候对劳动力需求下降的可怕结果。

在全球北方,不完全就业可能包括英国越来越多的代理工作、临时职位和小于1小时合同。这样的合同意味着工人在这里和那里工作几个小时,不足以让他们拥有获得就业权利的资格,但足以阻止他们申请社会福利,并让他们不能出现在失业统计数据中。他们面临如此不稳定的状况,因此不得不接受任何提供给他们的工作。同样,德国政府的"迷你工作"计划给工人提供每月450欧元的不稳定工作,这些工人因此放弃了更标准就业的关键福利。这些计划将工人赶出社会福利体系,让其陷入就业中贫困,这些安排往往代表着比完全失业更加糟糕的情况。[2]例如,在所谓的"零工经济"中,工人被剥夺了赋予雇员的所有权利,但没有获得独立承包商的自由。尽管人们声称他们可以免受他人的监督,但不得不处于压迫性算法更大的暴政之下。大多数类似的工作容易导致工资低下和工作时间不稳定,这使得跨多个平台的工作成为生存必需。

---

[1] See Guy Standing, *The Precariat: The New Dangerous Class*, Bloomsbury, 2016. Also see Mariele Pfannebecker and James Smith, *Work Want Work*, Zed, 2020, p. 60. 关于最早使用"不完全就业"一词,参见 Thomas Vietorisz, Robert Meir, and Jean-Ellen Giblin, 'Subemployment: Exclusion and Inadequacy Indexes', *Monthly Labor Review* 98, May 1975, pp. 3—12。

[2] Walter Hanesch, 'In-Work Poverty in Germany', European Social Policy Network, 2019.

在英国以及其他许多邻国,强迫工人从事这种不受欢迎的工作,需要彻底改变社会福利制度,也就是说,除了其他的惩罚措施以外,制度改变让失业本身变得就像一份实际工作。尽管这种转变在托尼·布莱尔的新工党执政时期就已经开始,但失业向类似就业的转变在戴维·卡梅伦的联合政府出台领取失业补助者必须工作的政策后达到了糟糕的极致。失业者需要大量工作,所谓的"领取失业补助者必须工作计划"要求"求职者"每天寻找工作,定期访问当地的就业中心,撰写详细的寻找工作过程的报告,参加私营公司提供的自助研讨会。正如艾弗·索斯伍德幽默地指出:

**失业变成了工作的糟糕模仿,包括虚拟工作场所、按时签到签退,以及向管理者汇报情况;而求职主体则被置于私人机构的惩罚性权威之下,从而被相应地私有化,既受到取消福利的威胁,又被强行灌输了很多成功学的话语。**[1]

如果说求职看起来并不像拥有一个工作,那是因为——似乎有点变态地——求职意味着拥有一个工作,只不过这份工作没有报酬。英国就业及退休保障部前大臣伊恩·邓肯·史密斯根据"领取失业补助者必须工作"的原则,创造了"求职援助部门",在这一部门的主持下,求职者为了领取救济金,必须免费为乐购(Tesco)、南多斯

---

[1] Ivor Southwood, *Non-Stop Intertia*, Zero Books, 2011.

（Nandos）和布茨（Boots）等公司工作，以获得"工作经验"。[1]

这种免费劳动是不完全就业的典型特征，或者如贝尔赫所谓的"去商品化劳动力"的典型特征。[2] 想想那些为被承诺的未来薪资而工作的实习生、无薪研究助理，那些为了提高知名度而牺牲工资的网红。自由就业之后，劳动力不再是商品，而是被去商品化——成为没有价格但能够继续创造利润的劳动力。[3] 通常，去商品化是指政府在市场之外免费提供商品或服务，以便工人能够无需工作就满足基本需求——英国国家医疗服务体系（NHS）就是一个典型的例子。[4] 但现在这种乌托邦行为出现了恶劣的转折，工资关系本身被排除在交换体系之外，因此工人一无所获，而雇主免费享受劳动。因此，去商品化的劳动力既没有就业，也没有失业，既不在工资之内，也不在工资之外——在劳动力过剩日趋严重的时候，在工资逐渐消失而我们依然依靠工资生存的时候，劳动力的去商品化最为严重。[5]

正如卡梅伦政府的福利改革所表明的那样，在国家的帮助下，资本通常可以使用去商品化的劳动力。在美国、澳大利亚、匈牙利和新加坡等国家，加入国家以工作换救济计划的人数不断增加，这揭示了一个如果失业就意味着

---

[1] Jess Staufenberg and Jon Stone, 'Revealed: The High Street Firms That Used Benefit Claimants as Free Labour', *Independent*, 31 July 2016.
[2] Leigh Claire La Berge, 'Decommodified Labor: Conceptualizing Work after the Wage', *Lateral* 7 (1), Special issue: Marxism and Cultural Studies, Spring 2018.
[3] 同上。
[4] 关于这一术语最早的使用，参见 Gosta Esping Andersen, *The Three Worlds of Welfare Capitalism*, Polity, 1990。
[5] La Berge, 'Decommodified Labor'.

在国家的命令下被迫免费工作的世界。如果说有人失业却没有受到工作换救济计划的惩罚，那是因为他们的失业被直接判定为真正的犯罪。露丝·威尔逊·吉尔摩在她关于加利福尼亚监狱系统的著作《黄金古拉格》中描述了这样一幅情景：随着20世纪下半叶失业率的上升，监狱扩展成为一个将剩余劳动力转变为生产人口的巨大的工业综合体，这一趋势在2008年之后的全世界大部分地区进一步得到强化。[1]越来越多的监狱犯人被迫以最残酷的方式接受监狱对其的处置，比如被迫"签约"成为消防员，在加利福尼亚北部对付致命的山火，或在武装看守的威胁注视下操作危险的过时机械。[2]

尽管微工作助长了作为全球北方不完全就业特征的一系列现象，诸如缺乏稳定性、就业不足、无薪工作、强迫劳动和高度的算法自动化等，但促成平台经济的大部分社会现象早在2008年金融危机爆发之前就已经在全球南方巨大且不断扩大的非正规领域这一不完全就业的伟大实验室中产生了。全球南方很多国家刚刚摆脱了殖民统治，却又陷入停滞的市场和结构调整，在这些国家，正规就业只有少数特权阶层才能得到。2008年金融危机之后的10年中，非正规就业占亚洲太平洋地区劳动力市场的68%，占非洲劳动力市场的85%，占阿拉伯国家劳动力市场的40%。[3]在"正规工作的结构性缺乏……转变为非正规竞争的普遍

---

[1] Gilmore, *Golden Gulag*.
[2] Phil Neel, *Hinterland: America's New Landscape of Class and Conflict*, Reaktion Books, 2018, pp. 69—70.
[3] 'More Than 60 Per cent of the World's Employed Population Are in the Informal Economy', International Labour Organization, 30 April 2018.

状况中",大批被经济体系抛弃的人从事一系列令人眼花缭乱的工作——兜售商品、销售服务和寻找跑腿零活。[1]这些现象,并不像华盛顿共识的代表们经常认为的那样,代表永不熄灭的企业家精神,而是人类苦难的活生生展示。残忍地将人力车夫和非法器官捐献者称为"自营职业者"是将这个词的语义延伸至令人无法忍受的程度。由持续寻找零碎工作的"寻找工作者和搜集工作者"构成的影子经济是一个非正规的领域,与其说是从资本主义餐桌上扔下的残羹剩饭,不如说是掉下来的垃圾,被那些从未被扔给过一口食物的人娴熟地清理干净。[2]

尽管将非正规经济活动完全排除在经济主体之外的想法一直以来与世界银行等机构相关,而不是与实际生活相关,但随着微任务和临时工作大量代替全职工作,这种区别似乎变得越来越微弱。正如迈克·戴维斯所说,"可以肯定的是,非正规无产阶级的一部分是正规经济的隐性劳动力"。[3]尽管在大多数情况下,非正规经济活动只是一个小现象,但沃尔玛等公司将其供应链扩展至印度沿街叫卖商贩的方式却有据可查,全球时装业对孟买和德里街道两旁的小型便利店的利用也是如此。[4]但曾经边缘的东西,

---

[1] Mike Davis, *Planet of Slums*, Verso, 2007, p. 175.
[2] 关于"寻找工作者和搜集工作者"的更加完整的论述,参见 Jan Breman, *Wage Hunters and Gatherers: Search for Work in the Rural and Urban Economy of South Gujarat*, Oxford University Press India, 1994。
[3] Davis, *Planet of Slums*, p. 178.
[4] 'Walmart's Global Track Record and the Implications for FDI in Multi-Brand Retail in India', UNI Global Union, March 2012. 关于最近大型公司利用印度街边小店的例子,参见 Rahul Sachitanand, 'Battleground Kirana: The Anatomy of India's Raging Retail War', *The Economic Times*, 9 June 2019。

现在变成了核心。通过微工作网站实现的更广泛且更难以追溯的供应链，平台资本主义将非正规经济的逻辑和现实作为一种新的规范带入资本积累的最核心地带。今天世界上所有最大的公司都是由那些被经济体系抛弃的隐性群体提供动力。在那些努力在非正规工作中维持生计的人群中，或者在正式就业中勉强糊口的人群中，平台找到了能够被更美好生活的承诺所吸引的一个绝望的群体。然而，这样的承诺一做出来，就被打破了——非正规领域的琐碎服务工作和大型科技公司提供的微任务没有本质区别，都缺乏权益、稳定性的工作常规、明确的职责、安全性或未来发展。兜售纸巾的人和给数据贴标签的人都被世界银行称为"微企业家"，这表明了一个令人不安的事实，那就是从微工作到街头小贩之间仅仅有一点点法律称呼上的区别，而实质上并无不同。[1]

---

[1] 关于世界银行使用"微企业家"一词的例子，参见"Shortening Microentrepreneur Supply Chain through Mobile Technology", World Bank, 10 November 2017。关于世界银行在微工作的语境下使用"微企业家"一词的例子，参见 Solutions for Youth Employment, "Digital Jobs for Youth: Young Women in the Digital Economy", World Bank, September 2018。

# 第二章
# 人工智能还是人类智能？

对于平台大亨来说，微工人的模糊地位，与其说是法律上的，还不如说是本体论的。众所周知，杰夫·贝索斯将亚马逊的 Mechanical Turk 平台上的工人描述为"人工的人工智能"。最初的 Mechanical Turk 是匈牙利发明家肯佩伦（Johann Wolfgang Ritter von Kempelen）于 18 世纪创造的机械装置。该设备被设计为类似于自动下棋机，但实际上并非如此。机械土耳其人表面上是一个穿着东方服装的木偶，但隐藏在其土耳其毡帽和长袍底下的是一个人类国际象棋大师。马戏团老板约翰·梅尔策尔（Johann Maelzel）在美国多次巡演展出了该装置，埃德加·爱伦·坡曾经观看了表演，他没有受到蒙蔽，深信这是一个骗局，并写了一篇标题为《梅尔策尔的棋手》的文章对其进行曝光，以期引起人们对这个骗局的注意。坡声称，在国际象棋中击败人类自发思维的预制机械不可能存在，因为"国际象棋中没有哪一步必然跟随另外一步。我们无法从参赛者在比赛的某个时刻的具体棋步推测出他们在其他时刻的棋步"。[1]

随着机器学习和能够做出下棋推测的计算机的出现，人们可能会认为机械土耳其人这种掩人耳目的幼稚把戏已经成为历史。毕竟，现在已经有了在国际象棋上可以击败任何人类的计算机。然而，机器仍然难以完成许多看似简单的任务。为了完成这些工作，贝索斯——一个不亚于梅尔策尔的自信者——设计了一个以肯佩伦的机械土耳其人命名的平台。在 18 世纪装置的后现代变形中，该平台将人类伪装成为计算机，而现在是为了吸引初创企业、大型集团和大学研究机构中的轻信的，或仅仅是愤世嫉俗的受众。

Mechanical Turk 最初只是作为给亚马逊雇用的程序员使用的一项服务。早在 2001 年互联网泡沫的繁荣时期，早在人工智能成为今天利润丰厚的市场之前，亚马逊就创建了这个网站来解决一个简单的内部问题，那就是它的算法无法识别许多重复的产品列表。意识到这些任务可以由工人更好地完成，亚马逊决定为"人机混合计算装置"申请专利，这个装置就是 Mechanical Turk。通过应用程序编程接口（API），Mechanical Turk 使公司的程序员能够编写软件，用这些软件自动将对计算机来说过于复杂的任务外包给工人。

认识到仍处于起步阶段的平台经济对廉价劳动力的需求不断增长，亚马逊于 2005 年公开推出了 Mechanical

---

[1] Edgar Allan Poe, 'Maelzel's Chess Player', *Southern Literary Messenger*, April 1836. Available online at The Edgar Allan Poe Society of Baltimore.

Turk。这个网站现在为人所熟悉的角色是为那些向不稳定的工人们发布"人类智能任务"(HIT)的公司提供服务,这一角色成为后来众多网站的原型。基于人工智能在过去10年的飞速发展,Appen、Playment和Clickworker在全球拥有数百万工人供其使用。在小数据问题的全自动解决方案出现之前,这些数字还将继续增长。由于我们无法准确预测人工智能的未来发展,因此我们也很难准确预测这一数字。一个保守的估计表明,2018年人工智能市场价值约100亿美元,到2022年市场价值将达到约1260亿美元。[1]

就像上一章描述的服务业的扩张一样,人工智能的增长是资本主义制度以反常的方式适应衰退的结果,转向曾经的经济副产品,试图重振经济增长。曾经被视为外部因素的数据的商品化现在已经成为全球所有大公司商业战略的核心,不仅包括谷歌、亚马逊、阿里巴巴和脸书等大型科技平台,还包括许多银行和超市。数据提取、处理和分析构成的巨大的基础设施导致了数据技术和计算的指数级增长。[2] 不受限制的风险投资、复杂无比的算法、摩尔定律和"大数据"等相辅相成的因素,加速了各种创新背后的机器学习的发展。这里的创新复杂多元,包括自动驾驶汽车、云计算、智能助手和广告策略,以及过滤和推荐视频内容的方法。

虽然"人工智能"(AI)和"机器学习"这两个术语经常互换使用,但机器学习实际上是人工智能发展的一个

---

[1] Shanhong Liu, 'Revenues from the Artificial Intelligence (AI) Software Market Worldwide from 2018 to 2025', Statista, 7 December 2020.

[2] Nick Srnicek, *Platform Capitalism*, Polity, 2016, pp. 39—40.

具体的方向。机器学习依赖大量数据来训练模型，然后利用这些模型做出进一步的预测。整合在这一过程中的是分析数据以提取模式并进行预测的算法，然后利用这些预测来生成新的算法。在学习和创造新的规则方面，这些产品以类似于人类智能的方式发展。在目前可以使用的这些技术中，模仿人脑神经元连接方式的人工神经网络（ANN）是最复杂，也是应用最广泛的。在一个被称为"训练"的过程中，人工神经网络反复接触特定数据对象的实例，例如一只猫的图像或一段旋律的音频剪辑，然后算法操纵网络各层面的加权相互作用，直到网络能够识别这个对象。然后这个新的数据会自动反馈到网络中，从而创建更复杂的算法。

这些技术接触的数据越丰富，它们的训练就越全面，它们的能力就越复杂，完成图像分类、文本分类和语音识别等各种任务的能力也就越强。在诸多领域，这样的发展赋予了机器不亚于人类或超越人类的能力。深度学习算法在翻译的时候能够对上下文和细微之处有很高的敏感度，以至于经常能够超越人类翻译的能力。人工智能诊断师在识别某些类型的癌症方面已经至少和医生一样精通；语音识别技术预计将在未来二十年内取代呼叫中心和快餐店的许多工作人员。[1]

这些科技的发展速度让一些人感到担心，到了 2030 年，世界上多达一半的工作——主要是服务业——会面临

---

[1] Carl Benedikt Frey, *The Technology Trap: Capital, Labor, and Power in the Age of Automation*, Princeton University Press, 2019, pp. 301—303.

自动化的危险。[1]因为服务业已经重新吸纳了制造业抛弃的所有劳动力,而且在此期间没有其他就业领域出现,一旦服务业被自动化,将会使大量劳动力无处可去。[2]

认为自动化会带来灾难的人们为了支撑自己的观点,会指出已经在使用的特定创新。在呼叫中心,语音末尾的熟悉声音解释说,"您的呼叫可能会被录音,以用于培训目的",现在也意味着该谈话内容正在被录音以用于机器学习。[3]麦当劳收购了人工智能初创公司Apprente,计划用聊天机器人的自动语音系统取代窗口接待顾客的服务员的声音。在零售领域,在英国、美国和瑞典等国家都出现了无人值守的自动化零售店。像Amazon Go这样的商店被委婉地称为"自行离去式购物",将自动扫描和移动应用程序、面部识别技术相结合,从而将顾客的面孔和他们包里的商品相匹配。近年来,自动驾驶汽车对出租车司机构成的威胁已经成为一个引人担忧的主要因素。自动驾驶出租车已经在伦敦、新加坡和纽约进行了成功实验,而自动驾驶汽车在其他众多领域也已经投入使用。[4]自动驾驶的货物装卸车、托运卡车、农用车和送货机器人都已经在医院、工厂、农业和采矿业等环境下广泛使用。进入1980年

---

[1] Ljubica Nedelkoska and Glenda Quintini, 'Automation, Skills Use and Training', *OECD Social, Employment and Migration Working Papers*, no. 202, 2018.

[2] Jason Smith, 'Nowhere to Go: Automation Then and Now Part 2', *Brooklyn Rail*, April 2017.

[3] Nick Dyer Witheford, Atle Mikkola Kjøsen, and James Steinhoff, *Inhuman Power: Artificial Intelligence and the Future of Capitalism*, Pluto, 2019, p. 83.

[4] Gwyn Topham, 'It's Going to Be a Revolution: Driverless Cars in a London Trial', *The Guardian*, 3 October 2019.

代后,金融等"高技术"服务领域经历了明显的自动化,这一过程自 2008 年以来极大地加速。2000 年,高盛股票交易台有 600 名员工;到了 2016 年,除了 2 个员工以外,其他所有员工都被人工智能驱动的交易算法所取代。[1]

那种认为此类技术最终将在更大的范围内使用的严肃预测忘记了一个商业规则,即一项技术只有在证明比雇用劳动力更便宜时才会被推广。有人现在反驳说,过去 40 年为工人提供可疑的保护的低工资可能不再足以阻止自动化潮流。灾难性天气和流行病的风险越来越大,这可能意味着工人很快就会比机器人对公司造成更大的成本。新型冠状病毒肺炎大流行表明劳动力作为资本利润来源具有极大的波动性,世界各地许多工人因为封锁或感染疾病而被迫失业,有时甚至是长时间失业。[2] 很多公司无疑在担心冠状病毒仅仅是人畜共患疾病时代的序幕。对人畜共患疾病传播的自然障碍进一步瓦解,有人在担心,而有人却欣喜若狂。资本制造了一个矛盾,它必须通过加速经济活动从劳动力向机器转移来应对这种矛盾。正如 Steer Tech 的首席执行官阿胡贾·索纳克(Anuja Sonalker)所说,"人类是生物危害物,而机器不是"。[3]

无论是灾难性事件,还是颠覆性创新,对机器大规模取代工人的担忧几乎总是臆想。基于这个原因,许多人对

---

[1] Nanette Byrnes, 'As Goldman Embraces Automation, Even the Masters of the Universe Are Threatened', *Technoogy Review*, 7 February 2017.

[2] Simon Chandler, 'Coronavirus Is Forcing Companies to Speed Up Automation, for Better and for Worse', *Forbes*, 12 May 2020.

[3] Sasha Lekach, 'It Took a Coronavirus Outbreak for Self-Driving Cars to Become More Appealing', *Mashable*, 2 April 2020.

他们认为过于悲观的共识提出挑战。阿斯特拉·泰勒在她的文章《自动化骗局》中请求我们"认真思考自动化的意识形态，及其关于人类过时的神话"。[1]我们应该警惕"自动化错觉"，在 Mechanical Turk 网站上从事微工作的工人就能证明这种错觉的存在。[2]艾伦·贝纳诺以更审慎的语气承认，尽管先进的机器人技术和人工智能业已出现，但它们尚未达到自动化先知们预测的"摧毁工作"的程度。[3]

这一争议至少还有一个原因，即很难跨越各个历史背景对自动化做出一个可行的定义。贝纳诺引用小说家科特·冯内古特的话说，"真正的自动化发生在整个'工作分类'被取消之时。哇噻"。[4]这个有点还原论的解释代表了对自动化的标准描述。

然而在今天，自动化的影响已经不是消灭所有工作，而是与适应既定工作的任务构成相关，以及与随后的工作的整体质量相关。大多数工作都是各种任务的综合结果，这些任务对自动化具有不同程度的适用性。自动化可能不会消灭某一个工作整体，而只会消灭构成一个工作的部分任务。

在这种原则的指导下，人工智能并不倾向于创建完全自动化的系统，而是倾向于创建部分自动化并将某些任务外包给人类的系统。

---

[1] Astra Taylor, 'The Automation Charade' *Logic* 5, 1 August 2018.
[2] 同上。
[3] Aaron Benanav, *Automation and the Future of Work*, Verso, 2020.
[4] Aaron Benanav, *Automation and the Future of Work*, Verso, 2020, p. 6, quoting Kurt Vonnegut, *Player Piano*, Dial Press, 2006, p. 73.

Mechanical Turk 等网站表明，某些服务工作的自动化或许永远都不会导致其完全机械化，而是产生出人机混合体。在一些历史证明难以自动化的工作中，机器学习将生产力收益微小的任务排除在外，并通过具体任务和管理功能的半自动化、劳动的超细分工和实时外包将其解决。当某些任务被自动化的时候，另一些原本受限于地理的任务可以自由地在全球范围内漫游，以寻求廉价劳动力来获利。结果就是，曾经正常支付薪酬的工作不仅被无产阶级化，而且在默认情况下被非正规化，被分割为低薪、不稳定的计件工作，同时脱离了对薪酬和权利提供法律保护的监管框架。微工作不受任何特定法律的约束，从而解除了工人、雇主和工作场所之间的法律关系。正如杰米·伍德科克和马克·格雷汉姆所说，"纽约的小企业可以今天在内罗毕雇用一名自由职业抄写员，明天在新德里雇用一名自由职业抄写员。无需建造办公室或工厂，无需遵守当地法规，而且在大多数情况下无需缴纳地方税"。[1]

从另一个更加明显的意义上说，微工作网站让低技能服务工作和自动化系统进行更加密切的合作。微工作培训、调节和纠正人工智能，通过这种方式向人工智能展示如何发挥劳动力的作用，即使其中一些技术从未成为资本主义经济的一般条件。为了让自动驾驶汽车避免交通事故，让聊天机器人理解谈话线索，让自动交易程序承担合理风险，首先必须让机器学习用干净的、带注释的数据进行训练；

---

[1] Mark Graham and Jamie Woodcock, *The Gig Economy: A Critical Introduction*, Polity, 2019, p. 54.

然后当自动程序启动运行之后，由工人进行持续不断的监督。如果数据没有经过预先处理，这些数据则会以违背程序员意愿的方式训练算法。举例而言，聊天机器人通过有限的、带注释的数据进行训练，以识别特定的单词和语法，但如果让聊天机器人接触无限制的数据，它们则会表现得非常不稳定。为了识别特定的单词，算法会反复接触音频或文本，有时候会重复上千次。对于商业中使用的机器人，这些数据由 Appen 等微工作网站上的工人提供，他们给机器人提供特定的文本，或自己读出并录下特定的单词或句子。[1]但是当聊天机器人接触大量原始数据时，则会像算法经常做的那样，被一些极端内容所吸引。微软的 Tay 是一个"休闲"对话机器人，可以自由地从推特内容中学习。24 小时后，Tay 在推特上发布了一条令人毛骨悚然的评论，让人想起唐纳德·特朗普的评论："@godblessameriga 我们要建造一面墙，墨西哥要为此买单。"[2]如果没有 Appen 或 Mechanical Turk 上的大量工人首先对数据进行处理，而让算法在无人监督的情况下进行训练，算法会做出令人意想不到的事情，比如重复法西斯式的法令。

即使在数据被整理和注释之后，算法依然依赖各种人工输入来帮助训练、校准和纠正它们的操作。例如，推特经常利用 Mechanical Turk 网站上的工人来快速识别热门话题查询，分析其内容，并将其反馈到实时搜索中。米特·

---

[1] See 'Creating Chatbots and Virtual Assistants that Really Work', Appen, 10 September 2019.

[2] James Vincent, 'Twitter Taught Microsoft's AI Chatbot to Be a Racist Asshole in Less Than a Day', The Verge, 24 March 2016.

罗姆尼（Mitt Romney）在 2012 年总统竞选辩论期间发表评论后，"大鸟"成为热门搜索，Mechanical Turk 上的工人们被要求快速确定哪些用户实际上在搜索与芝麻街相关的推文。[1] 此类事件依靠人力快速做出决策，以避免算法犯下代价高昂的错误——这些错误会影响推特提取有用数据和预测用户偏好的能力，然后将工人做出的决策用来对算法进行训练，以便下次算法完成任务的机会更大。

这不仅适用于在线工作，也适用于在物理空间进行的工作。在伯克利校区，送餐机器人部分由哥伦比亚的远程劳动力控制，每小时的报酬是 2 美元，当自动化机器人犯错误的时候，他们会控制并引导自动化机器人。[2] 如果我们以这种方式想象服务自动化——一个人类持续进行监督和纠正的过程——问题就不再是劳动力的绝对过剩，而是劳动力的相对过剩，即工人参与了多少，他们能够在多大程度上谋生。微工作表明，人工智能倾向于将工作非正规化，而非完全自动化。它预示着一个未来，越来越多的工人不是被机器取代，而是被挤压到濒临消失的临界点上。

## 从初级数据工作到精细数据工作

虽然工作末日尚未来临，工作依然存在，但对于越来

---

[1] 'Twitter Improves Search with Real-Time Human Computation', Amazon Mechanical Turk, 9 January 2013.
[2] Phil Jones, 'Migrant Labour without Migration', Verso Books blog, 10 June 2020.

越多的人来说，致命伤害反而是报酬微薄的任务所导致的慢性死亡。越来越多的这种勉强维持生计的在线工作代表了平台资本主义的独有的发展模式。但是将数据工作分割为小任务的做法本身并非什么新鲜事。正如莉莉·伊拉尼所说：

> 1985年的一个案例，罗纳德·多诺万（Ronald Donovan）起诉电话营销公司Dial America案件，讲述了Mechanical Turk式微工作的早期版本。一位雇主向作为独立承包商而被雇用的家庭工人发送带有姓名的卡片。这些家庭工人必须确定每个姓名的正确电话号码；他们按任务获得报酬。[1]

虽然在这起诉讼中，法院最终判定这些工人根据《公平劳动标准法》有权获得最低工资，但今天的数字计件工人并没有那么幸运。与这些零星的基于家庭的数据工作不同，在线微工作代表了一个竞争日益激烈的大型行业。Scale、Hive、Appen和Lionsbridge等平台的客户包括各种大型科技公司、银行和超市。

该行业可以分为两种基本类型，分别是精细众包平台和初级众包平台。Mechanical Turk是初级众包平台的典型，向任何工人和任务提供者开放，提供多种通用在线服

---

[1] Lilly Irani and M. Six Silberman, 'Turkopticon: Interrupting Worker Invisibility in Amazon Mechanical Turk', *Proceedings of CHI 2013: Changing Perspectives*, 2013, p. 612.

务，并始终支付低于维持生活的最低工资的报酬。[1]最初级的在线计件工作是所谓的"人类智能任务"（HIT），可以是从调查、简短的翻译任务或图像和音频分类到验证算法已经做出的决定的各种任务。人类智能任务通常只挣几分钱，Mechanical Turk还从中获取20%的分成，人类智能任务可以作为一个晴雨表，表明微工作系统已经毫不掩饰地认为工人只不过是可以被随意支配的生命。初级众包平台还包括大型德国公司Clickworker，该公司在全世界130多个国家和地区开展业务，拥有200万员工，还有巨大的中国众包平台猪八戒网和名气稍逊的平台Microworkers。

监管更加严格的专业平台提供更加精细的众包服务。[2]这些是为特定的，通常是长期客户量身定制的机器学习服务。例如Scale雇用外包工人为仓库机器人处理数据。Lionsbridge支持广泛的自然语言处理项目，包括自动语音识别、情感分析和聊天机器人训练数据。其中最大的网站Appen支持金融服务、零售、医疗保健和汽车行业的机器学习，并与亚马逊网络服务（Amazon Web Services）、微软和谷歌云合作开展一系列项目。Appen虽然不是用户最多的网站，但它现在是少数几家成为上市公司的微工作网站之一，它正在利用其跨国公司日益增长的实力收购Leapforce和Figure Eight等小型初创企业。[3]

---

[1] Phil Jones, 'Rethinking Microwork: The Invisible Labour of the Platform Economy', Autonomy, 2020.
[2] 'Rethinking Microwork'.
[3] Paola Tubaro, Antonio A. Casilli, and Marion Coville, 'The Trainer, the Verifier, the Imitator: Three Ways in Which Human Platform Workers Support Artificial Intelligence', *Big Data and Society*, January 2020.

为了适应机器学习培训更加细微的内容，在这些网站上的工作通常以包含类似任务的任务包的形式出现，这些任务可能持续1个小时，有时持续长达1天，而且通常比在初级众包网站上的报酬高一点。例如，训练面部识别技术的任务包基于一系列数据子集，内容包括特定姿势的面孔、化妆的或戴口罩的面孔、因光线不足或距离遥远而模糊不清的面孔，以及表达不同情绪的面孔。由于这些网站上的任务通常需要高超的技能或特定领域的专业知识，因此使用这些网站的资格通常取决于对语言和技术能力的评估，以及更广泛的文化灵活性。例如，Lionsbridge 声称拥有包括翻译人员在内的50万名语言专家。[1] 在精细众包网站和初级众包网站上，我们都经常能够看到将曾经享有盛誉、薪酬很高的工作重新包装成为"低技能"任务，赤裸裸地体现了资本通过"职业"的暴力路径，将专业人士变成无产阶级。

许多大型科技公司也有自己的内部平台。这些内部平台通过初级或精细网站来吸引工人。微软的 Universal Human Relevance System（通用人类关联系统）的创立旨在自发响应公司的实时需求，而 Appen 和 Lionsbridge 等外部平台并不能满足这种需求。优步出于类似原因收购了 Mighty AI，用其来处理从司机那里获取的大量数据以开发自动驾驶汽车。谷歌创建 Raterhub 是为了雇用"评分员"（通常是来自菲律宾的工人）评估公司的搜索结果是否符

---

[1] 'Lionsbridge Augments Artificial Intelligence Offering through Acquisition of Gengo and Gengo. Ai', Lionsbridge, 20 November 2019.

合用户的预期，比如搜索结果是否品质良好，内容是否非法、色情或令人反感，生成的数据用来向谷歌的算法展示如何自动完成这些任务。这些评估工作薪酬微薄，工作时间很长，而且工作具有心理伤害。[1] 否认犹太人大屠杀、儿童色情和暴力恐怖形象仅仅是工人在评级或审核时所面临的一部分创伤性内容。

尽管从字面上来看，"初级"众包和"精细"众包是两种不同的平台，但实际上两者提供的服务有大量的交叉重叠。Mechanical Turk 经常用于最基础的目的——被学者用来寻找廉价的受访者和被营销公司用来填写问卷调查表。但该平台也用于更加专业的项目，例如培训亚马逊的面部识别软件和推特的实时搜索功能。[2] 平台上训练软件通常需要与拥有薪水的白领工作相关的文化灵活性水平，但获取的报酬只是白领工作的一小部分，至于权利和其他全职工作的好处则全然没有。正如工人向推特的算法展示如何识别与"大鸟"相关的推文的例子所示，迅捷而正确地做出此类决定——这对推特预测用户偏好至关重要——需要对当下事件所处的时代精神具有比较透彻的理解。仅仅20年前，同等的文化工作能够获得一份有薪水的全职工作。而现在，这些工作报酬极少，或甚至没有报酬，而干活的人是那些教育程度很高的剩余劳动力，他们拥有大学教育和专业工作的技能和培训，却没有发挥这些能力的地方。

---

[1] 关于谷歌和脸书平台上的内容审核的深入研究，参见 Sarah Roberts, *Behind the Screen: Content Moderation in the Shadows of Social Media*, Yale University Press, 2019。

[2] 'Twitter Improves Search'.

这种对薪酬、权利和技能的剥夺，代表了自动化正在对服务业施加的真实的和当下的影响。然而，工人的具体体验却往往在空前严重的关于失业的耸人听闻的谈论中被湮没无闻。无论是简单的反对者，还是极端的末日论者，自动化理论家都倾向于将辩论重点放在大规模失业上。但是失业的世界末日只是用来混淆视听的把戏。事实上，我们正在看到的是越来越多的服务工作被转变为临时工作、微工作和众包工作。在这里，针对算法的工作，或与算法一起的工作，被自动化倾向的形式支配。在微工作情况下，这些"工作"往往类似于失业。

# 第三章
# 作为服务的人类

极力倡导和勉强赞同微工作的人试图强调微工作是一种有薪就业的新来源。有一种感觉，似乎人工智能并不像人们认为的那样是工作杀手，而是工作创造者。世界银行率先提出了这种危险的乐观主义，推动用微工作解决世界上最贫穷和最边缘化人群困境的解决方案。作为用劳动力创造价值的观点的长期倡导者，世界银行提出："低劳动力成本为发展中国家的工人带来了竞争优势。"[1] 如此平淡的语气几乎让他们的语言听起来充满讽刺味道，这样的表述体现了对全球发展的可怕的新共识。正如 Samasource 已故首席执行官莱拉·贾纳的一本书的标题所示，现在的目标是《提供工作》，而非提供援助。[2] 为了吸引非政府组织和微工作的国家监管人员，一份名为《中东和北非青年就业的改变游戏规则的机会》的简报提出了一个非常可疑的说法，即美国微工人平均年薪高达 40000 美元。[3] 同样，《哈佛商业评论》大胆断言，微工作为那些原本失业的人提供了"生活工资"和"技能"。[4] 该文似乎对其自相矛盾浑然不知，继续断言"客户通过使用微工作中心，而不是使用大型营利性供应商，可以减少30%到40%的薪酬费用"。的确是活命工资。

即使是国际劳工组织（ILO）等对其不太热心的新自由主义机构的反应，也是温和的赞同或完全的默许。在国际劳工组织对微工人进行的一项大规模调查中，作者承认在线数据工作的条件远非完美，但仍然不遗余力地强调这是"工人获得收入的新机会"。[5] 同样的问题存在于关于这一问题的很多学术研究。玛丽·格雷和西达尔特·苏里的《幽灵工作》对这些工人面临的危险进行了清晰的描述，但有时候轻信了微工作的热情倡导者虚构的神话。这本书利用实际在线工人的第一手资料，揭示了驱使人们从事在线劳动的动机，例如获得技能和更好的工作机会。[6] 对微工作更加诚实的描述，需要强调几乎没有证据表明这样的愿望真的得到了满足。通过作者提供的有限证据可以看出，微工作更像是当下就业沙漠中的海市蜃楼，而非充

---

[1] Vili Lehdonvirta, 'From Millions of Tasks to Thousands of Jobs: Bringing Digital Work to Developing Countries', World Bank, 31 January 2012.

[2] See Leilah Janah, 'Give Work: Reversing Poverty One Job at a Time', Portfolio, 2017.

[3] 'Game-Changing Opportunities for Youth Employment in the Middle East and North Africa', World Bank, March 2011.

[4] Franscesca Gin and Bradley Staats, 'The Microwork Solution', *The Harvard Review*, December 2012.

[5] 'Digital Labour Platforms and the Future of Work: Towards Decent Work in the Online World', International Labour Organization, 2018, p. 95.

[6] Mary L. Gray and Siddharth Suri, *Ghost Work: How to Stop Silicon Valley from Building a New Global Underclass*, Houghton Mifflin Harcourt USA, 2019, pp. 110—113.

满机遇的绿洲。

如果说本书有一个目的，那就是表明微工作并不是工作和技术的新的源泉，而是类似于人们在维多利亚时代的英格兰、19世纪的那不勒斯或现代孟买的街头看到的人们挣扎生存的灰色景象。我们需要超越世界银行等机构迂腐不堪的自我成才的说教，进而提出一些问题：微工作网站上的工资实际上是怎么样的？微工作是否提供真实职业所具有的技能和好处？微工作的条件与其他没有工资的生存形式是否有所不同？微工作是否阻止曾经在传统工人阶级中看到的那种组织和团结？当工作状况变得晦涩难懂而又令人困惑地熟悉的时候，对这些问题的探讨将会引导我们采取新的抵抗行为。

## 从工资到赌注

如果工作意味着玩，而努力工作意味着几乎不工作，那结果会怎么样？这是 Playment 和 Clickworker 等平台做出的承诺。在他们的网站上充满了衣着时髦的年轻人在沙发上悠闲地浏览笔记本电脑的图片，这些图片暗示，如果在我们的美丽新经济中还存在着工作，那么这些工作和玩电子游戏或购买衣服一样惬意有趣。远程工作梦想的色调柔和优美的快照既虚伪又诱人，给单调乏味的计件工作带来了渴望和魅力。这些网站只会提到"用户""任务者"和"玩家"，好像只要提到"工作"或"工人"都会破坏这种温馨美好的氛围。现在玩等于报酬。"乐观的游戏化的合规制度"延伸到工作流程本身。[1]屏幕上的排名、非金钱奖励和获得新级别认证的机会——例如Mechanical Turk神秘的"大师资格"——被用来将任务游戏化，从而模糊工作和游戏之间的界限。

但是当工资变成"筹码"或"奖励"的时候，休闲和安逸很快就更像偷窃，而不是娱乐。"奖励"等语言的泛滥，暗示这样一个事实，即任务就是赌博，工资并非合同所得，而是工人决定接受一项任务时赢得的赌注。[2]如果说微工作平台不会支付低于维持生计水平的工资—— Mechanical Turk上90%的任务每项支付的费用不到0.1美元—— 那是因为它们根本不支付工资。[3]对微工作网站的一项大型调查发现，30%的工人经常得不到报酬。[4]在Clickworker上，高达15%的任务没有支付报酬。[5]换句话说，资本的在线基础设施在很大程度上依赖于无偿劳动。正如梅琳达·库珀指出的那样，这将会持续更长的时间："在后福特主义条件下，工资本身已成为一个投机性命题……报酬会取决于完成指标的状况"和"没有明确规定的无偿工作准备时间"。[6]工人因此越来越多地在赌博和彩票这样的准魔法经济中运作。微工作代表了这种趋势的令人沮丧的顶点，

---

[1] Adam Greenfield, *Radical Technologies*, Verso, 2017, p. 294.
[2] Niels Van Doorn, 'From a Wage to a Wager: Dynamic Pricing in the Gig Economy', Autonomy, 2020.
[3] Juliet Webster, 'Microworkers of the Gig Economy: Separate and Precarious', *New Labor Forum* 25 (3), 2016, p. 58.
[4] Gray and Suri, *Ghost Work*, p. 90.
[5] 'Digital Labour Platforms', p. 74.
[6] Melinda Cooper, 'Workfare, Familyfare, Godfare: Transforming Contingency into Necessity', *South Atlantic Quarterly* 111 (4), 2012, p. 646.

下一个任务获得报酬的可能性一次又一次地诱使工人回到平台上来,以期获得更多。复杂的奖励计划和可竞争的定价模式使任务游戏化,并有效地将劳动力剩余和不稳定性重新包装为新的、激动人心的工作兼休闲形式。

当工资变成赌注的时候,工人本身的地位就受到质疑。工资和工作在资本之下是结合在一起的。这不仅具有本体论的意义,还具有重要的政治价值,因为工人和工资之间的一致性是众多反对资本的斗争得以产生的基础。没有了工资,一个人就不是工人,而是一个奴隶,或是剩余劳动力——这些类别在概念上是不同的,并且通过延伸,在政治上也是不同的。正是因为这样的原因,像"家务劳动也要工资"这样的运动要求将工资扩展到"隐藏起来"的家务劳动。[1]正如希尔维亚·费德里希所说:"家务劳动没有工资这一状态,一直是强化家务劳动不是工作的普遍看法的最强大武器。"[2]在微工作的情况下,工资经常消失不见,这同样表明对"工人"身份的否认,从而提醒人们,与照顾小孩和家务一样,琐碎的数据任务不值得正式承认。

微工作网站当然承诺支付报酬,但因为它们让任务发布者完全能够按照自己的意愿行事,所以大量任务没有支

---

[1] Nancy Fraser, 'Behind Marx's Hidden Abode', *New Left Review* 86, March/April 2014.

[2] Sylvia Federici, 'Wages against Housework', in *Revolution at Point Zero*, PM Press, 2012, p. 16. 20 世纪的许多社会运动都提出了一个强有力的论点,即将工作仅仅当作那些有工资的活动最终无法解释大量的艰苦劳动,而从事这些劳动的人在不同的逻辑下应该被当作工人。换句话说,工资可能不是衡量哪些劳动可以当作工作的最佳指标。最明显的是,工资尚未扩展到照顾小孩和家务等人类再生产劳动。

付报酬。微工作网站看似中立，实则往往围绕让工资是可选的，而非强制性的系统性目的建构组织。即使有报酬，任务的定价也非常低，以至于工资失去了让劳动力再生产的功能。在唯一统计工资的平台 Mechanical Turk 上，工人每小时赚取不到 2 美元的报酬。[1]

在这些网站助长的盗窃工资的众多方式中，最有效的方式是支付方式本身。透过自动驾驶汽车和送货无人机的光彩夺目的盛况，我们会发现硅谷最令人惊叹的节省劳动力的手段之一，就是回到 19 世纪的经济。让雇主按成品支付的计件工资比其他支付方式更容易盗走工资。我们不要忘记，正是由于这个原因，马克思将计件工资视为"最适合资本主义生产方式的工资形式"。[2] 计件工资是维多利亚时代资本主义模式的一个共同特征，但这一特征在全球北方几乎完全消失了，随着 20 世纪的合理化进程，任务被标准化并按小时支付工资。但计件工资依然是全球南方庞大的非正规领域中最常见的支付方式，对于那些被迫在经济系统边缘谋生的人来说这只是一条虚假的生命线——这些人包括人力车夫和拾荒者，以及为国内或全球供应链分包工作的血汗工厂工人。

美国和欧洲恢复计件工资，是以用粗略方式解决服务业生产力难题为前提的。由于食品、邮政投递和会计等工作没有简单的自动化解决方案，Deliveroo 和 Upwork 等

---

[1] Kotaro Hara, Abi Adams, Kristy Milland, Saiph Savage, Chris Callison-Burch, and Jeffrey P. Bigham, 'A Data-Driven Analysis of Workers's Earnings on Amazon Mechanical Turk', *Proceedings of the 2018 CHI Conference: Human Factors in Computing Systems*, April 2018, pp. 1—14.

[2] Karl Marx, *Capital Volume 1*, Penguin Classics, 1990, pp. 697—698.

网站善解人意地为专业人士和不稳定的无产者重新构想了维多利亚时代的资本主义，在一系列曾经支付薪水的职业中引入计件工作，从而将工人推向残酷的生存困境。Mechanical Turk 网站也是如此，在该网站上，严格的质量标准通常不如纯粹的速度重要。人工智能已经可以完成微工作网站上列出的许多任务，但在完成速度方面，工人仍然占据上风。[1] 鉴于 Mechanical Turk 上的 5 分钟人类智能任务可以低至 20 美分，工人必须快速工作，仅仅是为了满足日常生活的需求。

由于计件支付任务的性质，工人在寻找新工作时会经历很长时间的空闲期，这通常意味着他们需要更长的时间来维持生计。就像那些在市场上花大量时间寻找工作的人一样，他们在平台寻找工作的时间比实际完成工作的时间要多。一个来自阿巴拉契亚前矿业小镇的 Mechanical Turk 平台上的工人如此描述平台上的典型的一天：

> 如果我每天工作 12 到 16 个小时，我每小时可以赚 5 美元。但那是有工作的时候，如果你没有工作，你只是在寻找工作，把这个时间也算进去，那么每小时的收入就会急剧下降。现在我们这样的人非常多，但高质量的工作却越来越少。有时候我半夜醒来，就会上网站看看有没有一些好的任务发布。如果你不立

---

[1] Alexander J. Quinn, Benjamin B. Bederson, Tom Yeh, and Jimmy Lin, 'CrowdFlow: Integrating Machine Learning with Mechanical Turk for Speed-Cost-Quality Flexibility', Human Computer Interaction Lab, 2020.

即点击,大多数人类智能任务就会消失。[1]

与非正规经济的其他领域一样,微工作网站拥有"长期的超大量的劳动力"。[2] 劳动力供大于求和缺乏其他就业选择,迫使工人整夜寻找报酬仅有几美分的任务。同淹没孟买和金沙萨等城市的自发的劳动力过剩不同,数字领域的劳动力过剩是战略规划的结果。微工作网站的建构方式就是为了吸引远超任务数量的工人,以提高生产力并降低报酬,这意味着所有人都必须接受恶劣的条件,例如长时间工作和通宵工作。上文描述的情况并不少见。一项关于撒哈拉以南非洲微工作的大型研究发现,肯尼亚工人每周工作 78 个小时。[3]

工作节奏加快和工作时间延长的双重压力之下,工作准确性会受到影响。但是由于任务报酬极少,任务发布者并不在乎错误,他们将大量类似的任务分配给很多的工人,知道大量"完成的产品"将无法使用。对任务发布者来说,重要是在短时间内完成足够多的质量过得去的任务。

为了确保完成任务的速度,大多数网站都允许任务发布者对任务设定具体的时间节点,如果没有按规定时间完成任务,则不会支付报酬。在 Leapforce(2017 年被 Appen 收购)平台上,一个典型的任务完成时间被限定在 30 秒到

---

[1] Veena Dubal, 'Digital Piecework', *Dissent*, Fall 2020.
[2] Frank Snowden, *Naples in the Time of Cholera*, Cambridge University Press, 1995, pp. 35—36.
[3] Alex J. Wood, Mark Graham, Vili Lehdonvirta, and Isis Hjorth, 'Good Gig, Bad Gig: Autonomy and Algorithmic Control in the Global Gig Economy', *Work, Employment and Society* 33 (1), February 2019, p. 67.

15分钟之间，这些任务通常来自该平台最大的客户Google Raterhub。[1]尽管Leapforce平台有这样声誉良好的客户，但该平台运行缓慢，经常出现滞后情况。[2]往往上传一个任务所需要的时间比完成任务的规定时间还要长。我们在这里可以发现问题所在：任务发布者——这里指谷歌——依然能够收到完成的任务，但可以以完成延迟为理由而合法地取消报酬。甚至在一些比Leapforce更加复杂的网站上，工人们依然容易受到不稳定的服务器、糟糕的网络连接和恶意的任务发布者的影响。在Mechanical Turk平台上，时间限制只是用来表明一个任务应该花多长时间，但因为这些时间限制是由任务发布者制定的，而任务发布者则热衷于削减成本，因此一个被标为15分钟价值1美元的任务，实际上需要花接近30分钟才能完成，但工人只有在已经工作10分钟之后才能意识到这一点。一旦开始工作，中途退出就意味着放弃报酬。

即使是按时完成的任务也经常得不到报酬。那些被任务发布者视为"质量过差"的任务成果会被直接拒绝。M. 希克斯·西尔贝曼和莉莉·伊拉尼在其关于亚马逊的Mechanical Turk平台的支付系统的研究中发现：

> **一项给照片贴标签的任务或许被发布两次，由两个工人来完成。如果这两个工人产生同样的答案，那**

---

[1] Yolanda Redrup, 'Appen to Become Global Leader after $105million Leapforce Acquisition', *Financial Review*, 29 November 2017.

[2] Annalee Newitz, 'The Secret Lives of Google Raters', Ars Technica, 27 April 2017.

**么任务发布者的软件就会给两个人都支付报酬。如果他们产生不同的答案，软件就会第三次发布这个任务……在这个工作流程中，答案占多数的工人得到报酬；答案占少数的"异议者"被认为是不正确的，从而被拒绝支付报酬。**[1]

在刚刚提到的这种情况下，3个工人中只有1个人丧失了报酬。但这种情况可以发生在更大的规模上，比如有100人完成同一个任务，结果60多人得到报酬，而30多人没有得到。由于任务发布者可以非常容易地判定任何完成的任务是不合格的——尽管其标准实际上非常低——从而拒绝支付报酬，平台系统轻而易举地模糊了有薪劳动和无薪劳动、商品化和去商品化之间的界限。

血汗工厂以更具冲击性的姿态回归世界，而且数字血汗工厂比维多利亚时代的血汗工厂更有利于资本家盗窃工资。Delphic软件架构将盗窃工资的金额从量变转变为质变，即转变成为光天化日之下的抢劫——在一种系统性的规模上，工资成为一种被人任意决定的报酬，这让它变成了一种可笑的存在。在一家19世纪的纺织工厂，谁支付工资，以及哪里和什么时候支付工资具有一定程度的可靠性，意味着工人至少知道谁是盗窃工资的强盗，只有知道这一点，才能发动罢工或采取法律行动。时至今日，工资依然经常由一个单一的、常常是熟悉的雇主支付，这样雇

---

[1] M. Six Silberman and Lilly Irani, 'Operating an Employer Reputation System: Lessons from Turkopticon, 2008—2015', *Comparative Labor Law and Policy Journal* 37 (3), Spring 2016, p. 505.

主就成为工人相对容易抵制的目标——想想1934年美国纺织工人的大罢工,他们用罢工的方式反抗削减的计件工资。[1] 在微工作网站上,没有工作场所。一天之内有很多"雇主",而且完全匿名——隐藏在不透明的界面之后——工人们完全不知道在为谁打工。

如果平台的运行逻辑不是鼓励任务发布者违背工资合同的话,这些所谓的"不良"任务发布者也就无法拒绝支付报酬。但为了保护其作为中介的地位,微工作平台宣称自己在"中立"的原则下运作,拒绝介入工人和任务发布者之间的纠纷。这种自由市场主义所谓的中立所具有的偏见在这里达到了荒谬的程度——这种中立允许任务发布者拒绝为不达标的任务支付报酬,但依然赋予任务发布者拥有这些未支付报酬工作的完全知识产权;任务发布者完全匿名,却将工人的详细信息公开;允许任务发布者来去自由,却通过延迟付款将工人绑死在网站上。Appen和Lionsbridge等精细众包网站吸引了长期客户,但这些客户却没有义务一直留在平台上。这意味着任务发布者能够轻易在没有支付报酬的情况下消失,而工人则被迫等待兑现工资,有时候是在注册网站长达30天之后,或他们的报酬余额达到特定的金额。[2]

这通常意味着报酬在工人有机会领取之前就已经消失

---

[1] 关于1934年大罢工的详细描述,参见 J. C. Irons, *Testing the New Deal: The General Textile Strike of 1934 in the American South*, University of Illinois Press, 2000。

[2] Lilly Irani and M. Six Silberman, 'Turkopticon: Interrupting Worker Invisibility in Amazon Mechanical Turk', *Proceedings of CHI 2013: Changing Perspectives*, 2013.

不见了。微工作网站还采取一种更为严苛的手段,将那些曾经提出抗议或被视为破坏网站规则的工人账户关闭,经常是在网站没有任何通知或解释的情况下关闭,这就意味着工人丢失了所有延迟支付的工资。[1]被平台驱逐的原因往往是无辜的行为,例如软件故障或更换地址、银行信息等所谓的工人的"错误",正是这些无辜行为被视为行为不端的危险信号。[2]

资本主义的故事,基本上就是个体逐渐接受工资生活的规训框架的故事,即使有酬工作本身已经遭到侵蚀。正如 E. P. 汤普森所说,"通过各种办法——劳动分工、劳动监督、罚款、钟声和钟表、金钱奖励、宣传和教育;压制公众集会和体育锻炼——形成新的劳动习惯"。[3]在这些试图建立有序劳动习惯的技术手段中,我们现在可以加上关闭账户和公共评分系统。微工作系统允许"雇主"随意解雇工人,而无需任何告知,从而将当今世界带回了一个类似于维多利亚时代英格兰的地方,只是现在的这个世界具有算法决策的客观借口。

评分系统利用表面的客观性,允许任务发布者以数据化的方式衡量工人的工作表现。这些评分系统本身如同关闭工人账号一样,具有明确的倾向性。评分系统的运作方式因平台而异,尽管这些系统都根据以前的任务发布者给出的评分得出一个综合分数,并将其在网站公开,以便

---

[1] Gray and Suri, *Ghost Work*, pp. 85—91.
[2] 同上。
[3] E. P. Thompson, 'Time, Work-Discipline and Industrial Capitalism', *Past and Present* 38 (1), 1967, p. 90.

其他任务发布者识别潜在的表现良好的和表现不好的工人。极少数人能够将等级提升到激动人心的大师等级，并获得因此而来的更高报酬的任务。然而，对大多数人而言，要么是评分原地不动，要么是眼睁睁地看着评分等级下降，束手无策。因此，评分系统是一种压迫性的存在，通常代表着再次找到工作和被剥夺权利之间的差别。在Microworkers网站上，低于75%支持率（"当下成功率"）会导致工人30天内无法获取任务。[1]如实例所示，如果一个工人碰到一个极其严格或恶意的工作发布者而导致评分降低，则会让工人名声受损，而继续找到工作的机会也随之减少。

因此，微工作具有一个完整的架构，在工人本已非常脆弱的合同地位之上，进一步剥夺其报酬，赋予谷歌和微软等公司极致的匿名和流动性权力，允许它们取消未能符合不合理的时间期限的任务的报酬，从而非常有效地让工人变得无所适从、信息透明而且在很多情况下无法提出抗议。

除了这些相对隐蔽的手段之外，微工作平台往往赤裸裸地让报酬减少。例如，很多平台只支付非货币的"奖励"。在Picoworkers平台上，报酬变成了亚马逊礼品卡和加密电子货币；在Swagbucks平台上，报酬变成了沃尔玛超市的优惠券和星巴克优惠券；在InstaGC平台上，工人必须在高档商品品牌的礼品卡中进行选择。Crowdflower的一位创始人在一次采访中随意透露道，该公司"向工人

---

[1] 'Digital Labour Platforms', p. 74.

支付在线奖励程序点卡和电子游戏积分"。[1]虽然代金券和代币在技术上都是商品（因此避免了报酬彻底地去商品化），但它们很难被称为货币。工资以货币的形式支付具有非常充分的理由。货币是资本主义体系的计量单位，可以用来交换一切其他商品。亚马逊虽然宣称自己是"万有商店"——是以公司形式存在的宇宙万物——但它的礼品卡远不如美元那样通用。[2]代金券将交换范围限定在一个特定公司出售的产品和服务上，因此减少了工人满足日常需求的手段。一个人不可能只靠星巴克活着。

从其规模和地理范围考虑，Mechanical Turk 在这方面或许是最有意思的一个平台。来自世界各地的工人都在使用该平台，但只有少数人可以通过银行转账来获得报酬。用亚马逊的话说，大多数人必须"通过礼品卡获得报酬"。[3]这是一个具有严重种族歧视的系统：该平台为大多数欧洲国家提供银行转账系统，而来自全球南方的国家——如博茨瓦纳、卡塔尔和南非——的工人只能获得礼品卡积分。在这些国家里，该平台类似于一个数字公司城镇，在这里完成任务获得的代币只能用于购买亚马逊提供的商品和服务。即使是那些幸运地获得现金作为报酬的人，最终也可能几乎无法获得现金。在 2019 年 Mechanical

---

[1] Lauren Weber and Rachel Emma Silverman, 'On Demand Workers: We Are Not Robots', *Wall Street Journal*, 27 January 2015.
[2] Jeff Bezos has stated he hopes for Amazon to be the 'everything store'. See Brad Stone, *The Everything Store: Jeff Bezos and the Age of Amazon*, Corgi, 2014.
[3] 关于亚马逊提供银行转账的国家名单，参见"Amazon Mechanical Turk Workers in 25 Countries outside of the US Can Now Transfer Their Earnings to Bank Accounts", Amazon Mechanical Turk, 1 May 2019。

Turk的支付系统改变之前,许多印度工人通过支票获得报酬。而这些支票很容易在中途丢失,或者无法兑现,尤其是因为贫民窟和偏远村庄的邮政系统服务非常有限,而且无法使用银行设施。[1]

微工作的报酬几乎总是低于资本的吹嘘者和支持者经常提到的普遍合同形式。微工作的年薪绝对达不到世界银行凭空捏造的40000美元。平台资本主义极为重要却不为人注意的特征是,将大量数据转化为支撑资本主义经济系统的有价值信息的工人只是在最宽泛的意义上得到报酬。微工作网站允许大型平台隐藏这一事实,或至少让报酬情况显得可以接受。谷歌和微软的微工人存在于一种营销幻觉背后,这种幻觉表明微工作并非真正的工作,而微工人并非真正的工人。很多时候,任务发布者无需给工人支付报酬就可以得到所有完成的工作。只有对那些真正干活的人来说网站的承诺显得空洞无物——无需付出太多就能得到报酬,意味着要付出很多而得不到报酬。

## 作为服务的人类

就像其他依靠某些非正规的服务工作勉强糊口的人一样,微工人也没有明确的职业。"微工人"、"众包工人"和"人机回圈"等说法,只是一些试图将这个负面空间重新想象成为某个统一事物的模糊术语。当然,当Samasource最

---

[1] Gray and Suri, *Ghost Work*, pp. 124—125.

先使用"微工作"一词的时候,这一问题已经开始存在了,对 Samasource 这样一个平台来说,难民们只不过是人工智能的磨面机上等待粉身碎骨的谷物。这个术语服从于这些平台和世界银行等机构的利益,因为它们能够很好地利用这一术语将一种本质上让人变得赤贫的行为显得富有尊严。的确,人们在使用"微工人"这个词的时候,似乎该词代表着一个有着日常工作程序和特定任务的正式职业,就像"律师"或"医生"这些词语一样。但微工作从其本质上而言,是极其偶然、不规则的,且缺乏固定形式。当杰夫·贝索斯寡廉鲜耻地将 Mechanical Turk 赞扬为"作为服务的人类"时,或许在无意中非常准确地描述了这种缺陷。[1]贝索斯模仿了"作为服务的软件"这一表达,试图将人的劳动伪装成为计算,但他的确抓住了这一与其他任何工作不同的、涉及众多任务的行为的虚无性特征。所有这些都让我们思考一个问题,如果微工作不是一种职业,那么它到底是什么?

职业的衰落始于十八九世纪之交,当时劳动分工及其相关的角色经历了彻底的变革。资本主义制度的诞生,改变了生产的性质,同时也改变了工作本身的性质。曾经是一个工人的产品,变成了社会产品,成为许多人共同的脑力和体力劳动的结果,而且这一劳动分工越来越细。[2]在整个20世纪,这一劳动分工的过程沿着资本进入服务领域的道路进行,其中酒店业和零售业,以及金融和法律服务

---

[1] See Jeremias Prassl, *Humans-as-a-Service: The Promise and Perils of Work in the Gig Economy*, Oxford University Press, 2018.

[2] Marx, *Capital Volume 1*, p. 457.

都使用高度分工的劳动力。在一个独立的小店里，店主可以完成所有的任务来维持小店的运转；而在一个大型超市里，劳动力被分为理货员、收银员、验货员、客服、熟食工人和经理等。虽然在自动化浪潮中有一些职业几乎消失了，但出现了另一些职业，尤其是因为需要发明新的、针对特定群体的服务让越来越多的冗余劳动力拥有工作——让我们再想想那些在线约会助理、宠物治疗师和各种各样的"顾问"。

然而，随着职业——或许还有伪职业——在数量上的繁荣，它们在质量上却趋于衰落。职业曾经具有比我们当今的劳动力市场所允许的更完美的形式，曾经包含代代相传的技能、知识和文化。戈兹说，真正职业的精髓几百年来一直处在衰落之中："技术精湛的手工艺人的技能是一种个人能力，是在一生的职业生涯中发展起来的。每个手工艺人都需要不断提高自己的技艺，学习和进步永不停止，新技能不断获得，工具不断完善。"[1]

戈兹所描述的世界，当然是大规模工业出现之前的世界，当时各个行业的技能是手工艺人的专利。现在，复杂的劳动分工和先进的科技系统意味着大多数工作不再是个人的，而是非个人的。专有的技术不再存在于任何职业中，而是存在于支配工人活动的机器中，存在于管理层做出的关于任务的详细描述中，以及从办公室或工厂监督系统产生的对工人的评价中。从这个意义上来说，资本主义制度

---

[1] Andre Gorz, *Farewell to the Working Class: An Essay on Post-Industrial Socialism*, Pluto, 1982, p. 99.

不仅异化了记忆、知识和传统，而且异化了经验本身。

然而，即使科技的技艺已经主导了工作过程，戈兹的"职业"这样的幽灵依然存在。自动化和程序化或许会让"个人性"工作的概念听起来像一个可笑的命题，但大多数工人仍然继续扮演一个角色，而且这个角色能够每天保持一致，不管它有多么萎缩乏力和缺少人情味。我们可以把这种一致性视为曾经被称为职业的东西的鬼魂般的残留，而这些职业基本上被机器和管理技术所扼杀，但依然在某个虚无缥缈的意义上存在着。

在微工作网站上，甚至职业的这种最微弱的痕迹也消失无踪了。发送到手机和笔记本电脑上的短任务加在一起，无论在任何意义上都无法构成一个职业，而是构成其他工作的彻底分裂的、极为短暂的碎片，通常仅仅持续30秒或更短的时间，与之前或之后完成的任务毫无关系。

这是初级众包网站的一个独有的问题，与精细众包网站不同，初级众包网站不提供几个小时或几天工作的任务包。在一天之内，Mechanical Turk上的工人可能会翻译一个文本中的一段话；转录一段英国口音的音频；向算法展示如何识别自行车；为电子商务网站书写产品描述；标记色情暴力等令人不快的内容；完成关于新冠病毒的调查；去一家麦当劳拍摄"快乐进餐"的照片，并将其发布在网上。在整个过程中，使用此类网站的公司拥有一种绝对的灵活性，在理论上它们可以在一小时内雇用和解雇所有的劳动力。

建立这种程度的灵活性，首先需要将现有的工作和项目分割为短小任务。以翻译为例。在理论上，大部分基础翻译工作现在可以由深度学习算法完成，虽然很多任务，例如翻译诗歌和小说，需要目前尚无法进行编程的文化敏感性。对于那些对精妙细微要求不高的翻译项目，像Lionsbridge这样的平台可以将更大的文本分解为多个部分供算法翻译，并将其分解为更短小的段落让工人以小任务的形式完成。这些任务或许包括："对话主题的分类、说话情绪的确认、说话意图的区分和词性的识别。"[1]公司不是雇用几个享有权利、正式工资和加入工会资格的富有经验、全职的翻译者或语言专家，而是租用一个由50个匿名工人构成的临时团队完成同样的职责。

再举一例，令人恐惧（或崇拜）的管理自动化，实际上是将完整的工作分解为各种任务——一些任务由机器完成，另一些由工人完成。例如，人们对优步进行批评的普遍理由是，该公司已经完全用算法取代了经理。而事实上，大部分管理职责由算法和 Appen 等平台上的大量工人分摊完成。因此，公司管理完全成为一种陌生的事物。出租车公司的管理者通常必须监督众多司机，确保他们在路上是安全的，而且确保他们提供的身份信息是真实的，以及确保其他一些情况。优步一直在努力解决司机身份识别问题，尤其是因为它使用的面部识别软件很容易出错。或许司机剃了胡须或剪了新发型，就会导致他们的日常身份验

---

[1] 雷蒙·威廉斯将文化描述为构成"生活方式"的物质，参见 Raymond Williams, *Marxism and Literature*, Oxford University Press, 1986, p. 19。关于 Lionsbridge 平台上的数据工人承担的任务的更加详细的描述，参见 Paola Tubaro, Antonio A. Casilli, and Marion Coville, "The Trainer, the Verifier, the Imitator: Three Ways in Which Human Platform Workers Support Artificial Intelligence", *Big Data and Society*, January 2020, p. 6。

证无法与其记录的身份证照片相匹配，从而被系统标记为危险。[1]因为算法无法评估司机的可信度，优步会自动向Appen等平台发送验证任务。[2]接受任务的工人有30秒的时间来验证司机是不是他们所说的人。如果工人的判定是"是"，则行程继续；如果是"否"，则行程取消，司机账户被锁定。在不到一分钟的时间里，这名工人间接扮演了优步管理者的角色，实际上是在这一劳动过程中负责监督并就公司的工作流程做出决策的算法。

一天内为20家不同的公司工作，一周内可能完成数百个不同的任务，从语音翻译到临时出租车服务管理，工人不再具有一个独特的角色，而是被彻底多元化，达到了否定职业的程度。我们可以在历史学家佩里·安德森的描述中，发现在作为生活方式的工作的棺材上钉下的又一枚钉子：

> 波德莱尔或马克思、易卜生或兰波、格罗兹或布莱希特，或甚至萨特或奥哈拉所了解的资产阶级已经成为过去。如果说过去的资产阶级是坚固的圆形竞技场，那么现在的资产阶级是一个漂浮的、转瞬即逝的角色构成的水族馆，这些角色是当代资本的设计者和管理者、审计师和看门人、行政人员和投机者：他们让一个缺乏社会稳固性和身份稳定性的金钱世界发挥各种功能。[3]

---

[1] Gray and Suri, *Ghost Work*, pp. xv—xvi.
[2] Gray and Suri 使用了 CrowdFlower 平台的例子，而我使用了 Appen，是因为 CrowdFlower 后来被 Figure Eight 收购，而 Figure Eight 很快又被 Appen 收购。详见 Gray and Suri, *Ghost Work*, pp. xv—xvi。
[3] Perry Anderson, *The Origins of Postmodernity*, Verso, 1998, p. 85.

工业主义将坚固的资产阶级生活融化成为流动的现代职业，而人工智能的发展进而将这些职业分解成为一堆任务，而这些任务失去了所有以前相对固定的职业所具有的文化成分。这种对职业和收入的过度分割并不仅限于微工作。Clickworker 和 Mechanical Turk 或许是个体化专门服务经济大潮流的典范，个体化专门服务迅速成为全世界的标准工作秩序。一个新的社会两极化正在出现，或许已经出现，一边是拥有单一稳定的职业的人，另一边是被迫早上遛狗、下午打扫房间、傍晚充当雇佣男友、夜里搜寻在线工作的人。

当然，有人可能会想，那些时至今日依然冒充成职业的毫无生气的工作的终结，是否值得我们为之哀悼。然而，当这些工作解体成为短暂的零散任务的时候，以前劳工运动的政治载体也随之解体。曾经奋力抵抗资本永无穷尽的压迫的机构，已经在努力适应低增长的经济。在这个低增长的经济中，服务工作，而且通常是临时的和不稳定的服务工作，现在占全球就业的50%以上。[1]事实上，今天僵化的工会文化无法组织没有固定职业身份的工人，这已经成为一个众所周知的事实。尽管如此，我们还是应该强调，那些被迫从一个小任务走向另一个小任务的工人再次被本应支持他们的工会组织抛弃。实事求是地说，Clickworker 等网站上的工人不得不单打独斗。在我撰写本书的时候，只有一个工会组织——德国金属工业工会——试图将这些

---

[1] 'Employment in Services (per cent of total employment)', World Bank, reprinted by International Labour Organization, 20 September 2020.

平台上的工人组织起来。

对于其他类型的平台劳工，事实证明，稳定的职业对于获得工会准入至关重要。例如英国的"大英独立工人工会"（Independent Workers of Great Britain）等致力于组织不稳定工作工人的新公会，正如将为 Deliveroo 和优步等公司工作的快递员和出租车司机组织起来。在美国和欧洲大部分地区，劳动力市场的监管框架仍然优先考虑具有职业地位的、长期的、例行性的工作，虽然今天所谓的"标准就业"至少在部分地区依然是常规，但工作在很多时候已经退化为短期劳动。微工作在美国和欧洲的持续增长，有可能会使越来越多的工人失去与职业相关的保障。实际上，其他经济地区对劳动力需求的严重不足可能意味着这些地区越来越多的人将微工作视为全职工作，而全球南方的许多人已经在这样做了。我们可以做出一个比较大胆的预测，那就是随着微工作的普及，它很可能突破琐碎的数据工作的范围，融入其他所有职业。虽然很多工作作为长期的项目和工作会更有效地执行，但没有足够的理由阻止更多的白领工作——比如会计、财务、复制、翻译等——被分割成为琐碎的任务，尤其是当这些工作的自动化程度越来越高的时候。这种情况有可能将越来越多的职业人员转变为零星报酬的采集狩猎者。

因此，和世界银行持赞许态度的报告及文章所宣称的不同——"数以百万的任务和成千上万的工作"，有一篇文章如此说，微工作很难成为"创造就业"的新来源。[1] 事

---

[1]　Lehdonvirta, 'From Millions of Tasks'.

实上,这些文章轻描淡写地颠倒了旨在将成千上万的工作转变为数百万个任务的系统逻辑,因为这些零碎任务并不能轻易变回工作。与新自由主义乐观主义者的奇思妙想不同,如迈克·戴维斯所说,当非正规领域"不是通过新的劳动分工,而是通过分割现有的工作并进而分割收入,来创造工作"的时候,微工作也引发了同样的幻想。[1] 工人从其他工作的尸骸中获得各种低技能的劳动,从而勉强维持生计。如果说在这些经济边角料中产生某种类似于职业这样的东西,那么这个职业肯定是某种零碎材料拼凑的怪物,而世界银行则是炼制这一怪物的神秘难解的炼金术士。

因此,微工作在全球的盛行,绝非健康劳动力市场的标志,而是一种危机的令人痛苦的症状,在这场危机中,琐碎的任务被伪装成为正常的就业,以掩盖远远超越体面工作数量的灾难性的剩余劳动力。同过去的资本积累一样,现在的平台资本主义在全球范围寻找可怜之人、悲惨之人,以及尚未获得市场怜悯之人。只是到了现在,借助信息、通讯技术,以及机器学习,它才能找到那些真正无处可去之人——一个持续动荡不安的星球上的赤裸生命。与以前的经济体系不同,平台资本主义没有为其劳动力创造新的职业,而是成功地维持了一支由市场逃犯构成的永久后备军,当有零星工作出现的时候才会召唤他们。

---

[1] Mike Davis, *Planet of Slums*, Verso, 2006, p. 181.

# 第四章
# 掘墓工作

一架无人机像黄蜂一样盘旋在巴西圣保罗巨大的帕来索波利斯贫民窟上空。它穿越贫民窟的区域,悄无声息地滑过棚户区,或许是为了将图像传送至宪兵行动中心,该中心是一个无情镇压贫民窟居民的国家暴力机器。接着,无人机滑过一个刚刚登录了 Scale 网站的人的家的上空,该网站在中东和拉丁美洲寻找工人来标记用于引导自动化无人机系统的图像。[1] 这名工人并不知道他们头上正在发生的这一幕,就像他们不知道他们工作的目的一样。他们的工作是在为给贫民窟带来灭顶之灾的自动化武器系统提供助力,还是为向这些灾难性地区提供援助的人道主义机构提供地理数据,工人们根本无从得知。任务本身并没有揭示其自身的目的。工人们相信任务发布者的善意,从而提供这些信息,然而这是一种奢侈的善意,实际上恐怕非常罕见。

如果微工作代表了非正规领域工作的转变方向,那么它也宣告了那些处于工资边缘的人所受到的新的、令人沮丧的待遇。马克思最可怕的噩梦都无法想象,穷人和无产者如今在不知不觉中训练用来追踪他们行动和恐吓他们社区，或者取代他们在劳动过程中的地位的机器。事实上应该强调，这些新兴的平台资本或许并不代表一条不同的经济路径，而是预示着一个即将到来的世界，在该世界中，大多数工作的首要任务或次要任务是为机器学习系统提供支持。那么，微工作可以说代表了最完整的词源意义上的工作危机，即转折点[2]。因此，本章所描述的现象可能不仅仅是微工作的特征，而且是在资本主义衰退时期如何组织一系列不完全就业活动的早期试验。

## 黑匣子劳动力

如果现代经济在一个新的理性主义神话——工人能够作为理性的行为主体自由获得工资——的庇护下取得了胜利，那么微工作要么揭示了一个备受推崇的传说的虚无性，要么预示着我们进入了一个新的世界。答案或许是两者兼而有之。当然，宣扬自力更生的教条主义者和工资说教者的乐观言词，即使不是完全歪曲，也总是夸大了特定经济行为者可获得的知识的程度。即使如此，微工作确实表明平台资本主义产生了一个新的主体，这个主体不是被知识启蒙，而是陷入了数据的黑暗和数据创造的不透明世界之中。在某种程度上，微工作似乎就是詹姆斯·布里德尔所说的我们的

---

[1] 关于 Scale 自动化无人机服务和该平台所运作的国家的信息，详见 http://scale.com/drones。
[2] 危机（crisis）一词的本意为"转折点"。——译者

"新黑暗时代"的完美体现,这个新黑暗时代是启蒙运动的折射,在这个时代,本应照亮我们世界的工具将我们扔进技术引发的新的蒙昧之中,并最终陷入野蛮状态。[1]

但是这种新的蒙昧具有旧的阶级根源。能够了解真相的人和处于蒙昧的人之间的不平等,毫无疑问被最近的"大数据"创新进一步恶化。关于"大数据"的很多创新或许与事实相比是在虚张声势,例如数据分析咨询公司Acxiom等公司自信满满地向客户承诺提供全景式"360度的客户视野"。但资本长期以来一直宣称自己先知先觉,而手段则仅仅是蒙蔽工人的视觉。现在的差别或许是,随着算法越来越多地自动做出决定,越来越多的现实在我们的背后发生。为了让算法的魔法继续成为数据神秘主义和套利者的稀有的专属领域,就必须创造出某种新的经济的蒙昧状态。

毫无疑问,缺乏清晰视野的情况也影响到其他供应链最末端的人——在孟加拉国为 Primark 制造服装的人最终并不知道他们的劳动服务于哪家公司。更普遍的情况下,工厂工人或店员至少在一定程度并不知道自己在遭受剥削——因此马克思在《资本论》中曾经说过一句经常被人引用的话:"他们不知道这个,但他们正在这样做。"[2] 但是工人的确知道他们正在生产轮胎供汽车使用,或制造服

---

[1] James Bridle, *New Dark Age: Technology and the End of the Future*, Verso, 2019.

[2] 这句话常见的英语翻译是"they do not know it but they are doing it",该译文及其上下文,见 Karl Marx, *Value: Studies by Karl Marx*, trans. Albert Dragtedt, New Park Publications, 1976, pp. 7—40。而在本书引用的马克思《资本论》版本的第一卷中,这句话翻译为"They do this without being aware of it",见 Karl Marx, *Capital Volume 1*, Penguin Classics, 1990, pp. 166—167。

装供人们穿戴。即使是那些在为遥远的军事承包商生产螺母和螺栓的公司工作的人也能够通过观察分析,弄清楚他们的工作性质。然而,微工作将了解实情的通道缩小成为一缕微光,让工人完全无法知道他们在干什么,其目的是什么。孟加拉国的裁缝知道他们正在缝制一件可以让工人穿着的衣服,即使他们并不知道最终哪家公司会出售这件衣服。衬衫具有裁缝轻易就可发现的实实在在的用途。而在另一方面,在 Clickworker 上工作的工人通常对自己正在创造的东西一无所知。我们也可以说,在每一个时刻,裁缝能够视物,而微工人都是瞎子。

这在很大程度上是因为任务以高度抽象的形式存在,工人们不可能将其与任何有意义的整体联系起来。然而更为重要的是,微工作网站"像未经探索的领土上的秘密装置一样,人们对其知之甚少"。[1] 与工人为福特汽车公司制造的螺母和螺栓、为星巴克提供的咖啡,或呼叫中心工人进行的调查不同,微工作的产品通常出于保密原因对工人隐藏起来。工人在将语音音频转化成文字的时候,知道他们正在将具有爱尔兰口音的说话者的话用语言文字写下来。但他们完全不知道该记录实际上是什么(例如,给聊天机器人算法的数据)或其用途是什么(例如,用于快餐店的自动化)。这些信息被大型科技集团隐藏起来,这些集团依靠微工作网站来推进其秘密性质的项目。

谷歌利用微工作为美国国防部承担的 Maven 项目就

---

[1] Trebor Scholtz, *Uberworked and Underpaid: How Workers Are Disrupting the Digital Economy*, Polity, 2016, p. 19.

是一个很好的例子。[1]在美国军方和大型科技公司之间的秘密交易中，五角大楼和谷歌签订合同开发一个人工智能程序，该程序能够对成千上万小时的无人机视频进行分类，其最终目的是帮助军队识别战场上的目标。为了让该程序能够发挥效用，它需要学习如何将目标区分为"建筑物""人类"和"车辆"。一方面为了降低成本，另一方面为了保持项目的保密性，谷歌与专门从事数据标记的微工作网站 Figure Eight（现为 Appen）签约。然后在 Figure Eight 平台上，微工人通过识别无人机拍摄的视频中抽取出来的像验证码一样的图像中的物体，向算法提供必要的数据集。在这一过程中，工人们在无意识中帮助五角大楼的官员进行"近乎实时的分析"——"点击一座建筑物就可以查看与其相关的一切"。[2]谷歌在这些任务中是完全匿名的，再加上这些视频孤立抽象的性质，意味着工人们无法看到他们为谁工作，以及为什么工作——一段无人机视频不会直接将自己显示为战争工具，可能看起来像城市地区的毫无恶意的镜头。[3]

一个社会学团队发现，为自动驾驶汽车标注数据的工人同样对他们从事的工作一无所知：

> **一些受访者提到了一项他们称之为"摩托车越野赛"的任务，他们必须识别照片中的大小道路，并指**

---

[1] Lee Fang, 'Google Hired Gig Economy Workers to Improve Artificial Intelligence In Controversial Drone Targeting Project', The Intercept, 4 February 2019.

[2] 同上。

[3] Makena Kelly, 'Google Hired Microworkers to Train Its Controversial Project Maven AI', The Verge, 4 February 2019.

出地面的性质（石子路、土路、沙路等）。有人认为这服务于电子游戏，而有人则认为是对跑道进行普查。就像我们很早就认识到的那样，这是因为任务发布者在提供有关任务和服务项目的详细信息的程度上有巨大差异，从而让工人对其茫然无知。[1]

就像美国国防部的 Maven 项目一样，当微工作支持的技术服务于明确的压迫目的的时候，这就成为一个特殊的问题。再举一个情况极为严峻的例子，任务发布者没有义务表明面部标记任务是为了训练面部识别算法，这种信息隐藏在平台上很常见。该软件以优生理论为基础，用于捕捉人脸，并将其与现有数据库中的照片进行比对，目的是为了对人进行识别和定位，通常会产生具有强烈种族主义特征的结果。[2] 作为城市空间军事化的最新战略，面部识别技术已经引发了警察对贫困社区的大扫荡，尤其是在洛杉矶等大型"枷锁城市"中。自 2009 年以来，洛杉矶警察局已经使用面部识别技术大约 3 万多次，通常是为了保护更加富裕的飞地免受"帮派犯罪"的侵害。[3]

为这些专制性的噩梦提供动力的任务是 Mechanical

---

[1] Paola Tubaro, Antonio A. Casilli, and Marion Coville, 'The Trainer, the Verifier, the Imitator: Three Ways in Which Human Platform Workers Support Artificial Intelligence', *Big Data and Society*, January 2020, p. 6.

[2] See Christian Sandvig, Kevin Hamilton, Karrie Karahalios, and Cedric Langbort, 'When the Algorithm Itself Is a Racist: Diagnosing Ethical Harm in the Basic Components of Software', *International Journal of Communication* 10, 2016.

[3] Kevin Rector and Richard Winton, 'Despite Past Denials, LAPD Has Used Facial Recognition Software 30,000 Times in Last Decade, Records Show', *Los Angeles Times*, 21 September 2020.

Turk等平台向任务发布者提供的服务的核心。[1]更为相关的是,亚马逊可能会在内部使用这项服务来训练自己富有争议的软件Rekognition,亚马逊用险恶而含糊不清的语言描述这一软件——作为监视"嫌疑人"的工具。[2]该软件已经与许多警察部门签订了合同,并向包括美国移民和海关执法局(ICE)在内的很多安全机构推销,进一步暴露了这一软件的目标具有强烈的种族主义倾向。[3]IBM、亚马逊和微软最近决定终止将这些技术提供给警察部门,这一举动似乎更像是在人们对"黑人的命也是命"的运动的支持越来越大的时候这些公司对公关风险的考虑,而不是真正的道义之举,这表明一旦对该运动的支持减弱,这些公司与警察部门的交易将会重新回到台面上。

而其他公司,例如名字具有威胁意义的 Clearview AI(清晰视界人工智能)公司,依然毫无廉耻或怜悯之心地将软件提供给像美国移民和海关执法局这样的机构。[4]最终使这些机构受益的短数据任务与这些机构施行的压迫完全隔离开来,因为没有任何描述将这些数据任务与这项技术或购买使用该技术的机构联系起来。工人无法知道这些任务在支持谁或什么,因此在不知不觉中开发了促进城市战争和文化种族灭绝的技术。具有悲剧性讽刺意味的是,使用微工作网站的难民们实际上在被迫创造直接压迫他们的

---

[1] Alex Nguyen, 'Six Weird Crowdsourcing Tasks from Amazon Mechanical Turk', Lionsbridge, 21 January 2019.
[2] Karen Hao, 'The Two-Year Fight to Stop Amazon from Selling Face Recognition to the Police', MIT Technology Review, 12 June 2020.
[3] 同上。
[4] Kim Lyons, 'ICE Just Signed a Contract with Facial Recognition Company Clearview AI', The Verge, 14 August 2020.

技术，这是又一个、但绝非新鲜的机器迫使工人屈服于种族主义结构的资本主义故事。

部分问题在于，微工人每天都需要在大量的网站和界面来回穿梭，几乎无法确认一个人正在从事的工作。实际完成工作的平台隐藏在复杂的多层结构背后，不同的网站承担不同的角色。工人可能认为他们正在YSense上完成任务，而事实上这一平台只是Appen的代理，而Appen本身承担谷歌的外包任务。[1] 作为大型科技公司的腐败化身，微工作网站将那些"不作恶"的公司的新的魔鬼磨坊隐藏起来。[2]

供应商管理系统（VMS）为已经模糊不清的外包链条增添了一层新的不透明性。[3] 这种系统为微软的UHRS和谷歌的Raterhub等网站招募和提供工人，为其充当代理，而这些系统在某些情况下本身就是微工作平台。像Clickworker这样的一些公司同时充当微工作网站和供应商管理系统，托管来自一些较小的任务发布者的任务，并为微软的UHRS等大客户提供劳动力，从而进一步将水搅得更浑。大型平台通常将供应商管理系统和保密协议（NDA）一起使用，以保密其对微工作的使用。例如，谷歌使用一个供应商管理系统隐藏EWOQ上的工人，EWOQ

---

[1] Paola Tubaro and Antonio Casilli, 'Micro-Work, Artificial Intelligence and the Automotive Industry', *Journal of Industrial and Business Economics* 46, 2019.

[2] "不作恶"有两种英语表达，分别是"Don't be evil"和"Do no evil"，是曾经构成谷歌员工行为准则的格言。

[3] Mary L. Gray and Siddharth Suri, *Ghost Work: How to Stop Silicon Valley from Building a New Global Underclass*, Houghton Mifflin Harcourt USA, 2019, p. 16.

是谷歌高度神秘的Raterhub的前身。[1]这种努力消除其用户信息的行为，从根本上来说是为了隐藏为其预见性的PageRank算法提供支持的秘密，同样使用了保密协议和供应商管理系统。而脸书也利用这两者来雇用信息审核员，从而建造自己的算法大厦。

当世界的穷人被聚拢起来帮助平台富豪预测未来的时候，当下就必然成为一个难以预测的领地。工人完全在黑箱中工作，被剥夺了一切用来在劳动过程中定位自己的常用办法。[2]没有管理人员，只有算法；没有同事，只有符号化的竞争对手；无法明确接触任何人或任何信息。工作只是一个"未知的未知"领域，就像墙上嬉戏的阴影、黑暗中出现的"黑天鹅"，一切处于多重的未知之中，唯一可见的只有摆在眼前的微工作任务。大型科技公司潜伏在阴影之中，任务模糊不清，在没有任何警告的情况下，账户被关闭，任务发布者消失无踪。微工人两眼一抹黑、孤独无助，徒劳无益地想要努力看清自己的劳动究竟是什么，以及对谁有利，就像一个人想努力保护自己免受雇主的侵害，而他对这个雇主却一无所知。

因此，工人在充当算法的鲜为人知的守夜人。他们可能知道训练数据被输进算法，在另一端会产生一个决策，但两者之间发生了什么则完全是不透明的。[3]这个不透明的空间就是一个黑箱，一块黑色毯子，将微工作重要的社

---

[1] Mary L. Gray and Siddharth Suri, *Ghost Work*, p. 16.
[2] Frank Pasquale, *The Black Box Society: The Secret Algorithms That Control Information and Money*, Harvard University Press, 2016.
[3] Pasquale, *The Black Box*, pp. 3—4.

会意义覆盖起来——由于权力和秘密的双重原因,局外人根本无法透过这块毯子看到下面的真相。被隐藏起来的信息是算法如何做出决定,比如基于什么理由、为谁服务、以什么为目标。工人是这些算法的附属品,矫正、提高、监督算法的工作,在模糊不清的虚无空间中度日,既无法看到他们参与工作的整体过程,也很难被外部的人看到他们的存在。这就是大型平台利用微工人劳动的方式:对劳动的人来说工作内容是模糊不清的,而对更广大的外部世界来说这些工作是隐而不见的。

## 没有劳动者群体力量的工人

然而,微工作平台这样做的目的,不仅仅是为了掩盖更大范围的劳动过程,也是为了防止工人互相认识。平台界面不提供工人可以使用的通信服务或工人可以看到的工人档案。这样做,一定程度上是为了消除潜在的对抗性,但更根本的是为了阻止传统意义上的劳动者集体力量的形成。当成千上万的工人相互接触的时候,秘密项目就会面临被暴露的风险。同时工人之间的交流还会威胁到算法所一贯呈现的幻觉,从而危及这些网站所代表的经济利益。一些公司利用微工作将工人伪装成为机器来吸引风险投资,一旦真相被揭露,这些公司的经济利益就会受到威胁。这两种威胁具有极大的相似性。正如莉莉·伊拉尼指出:

> 通过隐藏劳动力并通过计算代码让其易于管理，人类计算平台催生了一个自称为数据未来的初创企业。隐藏劳动力是这些初创企业受到投资者青睐的关键，因此也是企业家投机性的，同时也是真正的获利的关键。当投资者将微工作公司视为科技公司而非劳务公司时，微工作公司更容易吸引到慷慨的投资。[1]

为了让支撑平台的企业荣誉、金融网络和技术景观保持完整无损的状态，工人就必须远离人们的视线。无论是为了获取风险投资，还是为了隐藏秘密项目，微工作都将大型科技公司的肮脏秘密隐藏起来。人们看到的不是大批的微工人，而是令人愉悦的机器盛况，以及科技创新和令人怦然心动的价值评估。从外部看到的只是企业家和程序员表面上的成功，而不是日复一日资本主义单调乏味的剥削。为了实现这一点，工人必须被彼此分开，不仅仅是被海洋和国界分开，而且被那些用来让劳动力分崩离析的软件界面分开，从而不仅让任务发布者看不见劳动者的集体力量，同时也让工人自己看不见劳动者的集体力量。

在新冠肺炎疫情暴发之后，实现这一目标的策略在远程工作的规则下越来越受重视。远离工作场所的工作，无论是在家里的客厅，还是在咖啡馆，都与硅谷在过去10年里酝酿培育的工作模式完全一致，在这种工作模式下，工人永不见面，亦无法相互交流。这形成了亚马逊和脸书等公司所设想的封闭数字世界的一部分，在这个封闭数字

---

[1] Lily Irani, 'Difference and Dependence Among Digital Workers', *South Atlantic Quarterly*, 2015, 114 (1), pp. 225—234, p. 231.

世界里，所有的民事的、政治的或经济的互动，都发生在我们自己家里就可以轻松舒适地进入的平台上。新冠疫情之后的世界，将是一个很难进行更多人与人之间接触的社会。[1]微工作在劳动力市场实现了这一封闭数字世界，代表着新自由主义幻想的顶点：一个没有工会、工人文化和工人机构的资本主义，一个没有任何工人能够挑战资本的资本主义。微工作实现了资本主义最狂热的梦想，不仅破坏了工资契约、独特的职业和工人知识，还破坏了作为一个团结的、反抗性的群体的劳动者的力量。

## 数据噩梦

世界上的失业者和边缘人群正在被聚拢起来，为盘旋在他们家上空的无人机和识别并驱逐他们的摄像头提供支持，这或许让我们沮丧不堪，但并不令人惊讶。然而，另一个更加险恶的实验正在硅谷资本深处的非正规工人身上进行，Mechanical Turk或许就是其中的典型。乍一看，亚马逊在该平台获得了什么并不完全明显。该网站几乎不能代表一个重要的风险项目，至少在明显的利润意义上来说不是。无论如何计算，该平台每年获得的交易总收入，仅仅是亚马逊年收入的沧海一粟。网站运营成本和盈利能力的关系似乎让人难以理解。

但是通读了该网站为工人提供的条款和条件的附属细

---

[1] Naomi Klein, 'How Big Tech Plans to Profit from the Pandemic', *The Guardian*, 13 May 2020.

则，亚马逊真正的目的就会一目了然："您上传的任务内容和您通过本网站收到的工作的产品可能被保留下来，用于改进本网站和与我们提供的其他与机器学习相关的产品和服务。"[1]只需要看一眼，就能发现这些话暗示了某种相当新颖的东西，即该平台上完成的每个任务都会自动向亚马逊发送一组关于任务如何完成的精确数据。Mechanical Turk可能看起来像是一个劳务经纪人，一个通过给工人和雇主充当中介来获取利益的平台，但它的真正目的是为亚马逊网络服务提供数据。[2]

正如Mechanical Turk使得亚马逊能够扩大其数据容量的规模和范围一样，许多较小的微工作网站都有数据交易协议，能够使更大的平台获益。Playment网站在其在线条款和条件中声明："用户通过回答问题、拍摄照片等方式搜集和/或产生的工作产品将成为Playment的财产。"[3]因为这里描述的产品是标记或分类的数据，是非竞争性资源，所以任务发布者和Playment可以同时使用这些产品。与Mechanical Turk一样，Playment只是通过充当中介来获得任务的数据内容。但与仅为亚马逊服务的Mechanical Turk不同，Playment与第三方分享这些数据，其中就有脸书。[4] Playment使用社交媒体网站来建立其工人的朋友

---

[1] See Amazon Mechanical Turk's 'participation agreement' at mturk.com/participation-agreement.
[2] 关于"劳务经纪人"更为宽泛的定义，参见 Guy Standing, *The Corruption of Capitalism: Why Rentiers Thrive and Work Does Not Pay*, Biteback Publishing, 2017, p. 209。
[3] See Playment's privacy policy at playment. http://gitbook.io/legal/privacy-policy.
[4] 同上。

的个人资料，从而预测哪些联系人可能也想在该网站上工作。在这一过程中，我们应该知道脸书能够得到关于各种任务的大量注释数据。

虽然其他网站只有在为了工作而注册之后才能看到隐秘条款和条件，但我们还是有相当的把握推断，Raterhub 允许谷歌访问 Appen 的大量劳动力数据，而微软利用 UHRS 访问 Clickworker 上的数据。我们应该从数据使用的多元性角度来考虑，这些数据的使用远远超出了像微软这样的公司的直接需求。一个微工作网站吸引微软或脸书这样的大客户的能力，取决于它是否拥有对客户来说显而易见的能力，发展更加丰富、更加多样化的数据资源，同时让客户使用这些数据资源的便捷度更高。数据在网络中具有一种向心力，永远朝向位于中心的更大平台移动。换句话说，因为网络具有隐蔽的森严等级，围绕微软这样的大公司的微工作网站越多，大公司可以捕获的数据范围就越大。

因此，支撑微工作网站的财务机制鼓励网站从事数据工作，而这些数据最终惠及更大的平台，这绝非出于巧合。为了保持网站的偿付能力，Playment 等网站不得不搜集数据以吸引资本，提高商业估值，因为风险资本家认为数据丰富的平台相比那些没有这种能力的平台更具竞争力、效率和创新。[1] 换言之，Playment 的财务生存能力较少依赖于它所提供的劳务服务，而更多地依赖于它所搜集的数

―――――――――

[1] Niels Van Doorn and Adam Badger, 'Platform Capitalism's Hidden Abode: Producing Data Assets in the Gig Economy', *Antipode* 52 (5), 2020, p. 1477.

据——这些数据最终会流向脸书和谷歌。

从平台的立场来看——或实际上从大型任务发布者的立场来看——微工人的作用可能更加接近脸书或谷歌的用户，而非雇用的工人。任务本身的产品通常不如产品如何被制造的数据有用。有人或许会说，这只是收集数据以优化工作组织和工作流程的传统管理策略的扩展而已。[1] 因为 Mechanical Turk 网站上的微工人提供工作过程本身的数据——工人的行为方式、他们如何完成任务、他们登录网站的时间以及频率、他们完成任务的速度——这些数据能够被反馈到平台，或甚至反馈给亚马逊仓库等使用的算法，这些算法需要一系列行为数据来有效监督和控制工人的行为。

这种对工人的监视在数据工厂中得到了最令人不寒而栗的实现，这些数据工厂是代替远程微工作的一种数据标记工作形式。只有少数的大型工厂建立在城市，位于破旧的混凝土和技术厂房中，似乎在忧伤地纪念自动化程度较低的过去，大部分数据工厂出现在全球南方小城镇和农村地区，为失业的蓝领工人提供工作，否则这些工人就必须进城打工，加入城市庞大的非正规人口。[2] 这些数据工厂几乎成为很多村庄的全部就业，这些密不通风的"数字农场"随着本世纪往前推进，将会发展成为数字公司城镇或甚至数据大庄园，那时候整片的农村地区会成为科技公司

---

[1] 关于这种观点，参见 Moritz Altenreid, "The Platform as Factory: Crowdwork and the Hidden Labour behind Artificial Intelligence", *Capital and Class* 44 (2), 2020。

[2] Huizhong Wu, 'China Is Achieving AI Dominance by Relying on Young Blue-Collar Workers', *Vice*, 21 December 2018.

拥有的地产,而身无分文的打工阶层则会被束缚在其中而无法脱身。[1]与遥远的同行Appen和Lionsbridge不同,数字工厂的工人们关在办公室里,这些办公室的狭小拥挤与呼叫中心很有相似之处。与远程工作的工人相比,近在眼前的数字工厂工人更容易让公司收集生理数据。当工人完成一项特定任务的时候,例如标记医学图像,公司会记录他们的眼神和敲击键盘等身体动作、完成任务所花的时间以及他们完成任务的准确度。管理变成了令人难以容忍的仔细审查,一种对工人身体反应的持续高清监控。通过如此详细地记录劳动过程,管理人员可以实时地将特定任务交给高绩效的工人。[2]通过同样的手段,低绩效的工人由于其不稳定状态,很容易被苛刻的算法抛弃。

当今数字泰勒主义的"算法"压迫和20世纪的经济管理模式仅在程度上有所不同。[3]真正的区别在于管理之外,在于使用数据来提高机器学习服务。Mechanical Turk监督着任务发布者和工人之间的任何交易,能够将从一个简短的翻译任务得来的数据汇集到"亚马逊翻译"(Amazon Translate)中,这是一个由亚马逊网络服务提供的自动神经网络机器。亚马逊只需要充当平台就可以得到所有这些数据。我们可以在这里发现Mechanical Turk的主要功能:一个勉强盈利,甚至可能无利可图的劳动

---

[1] Huizhong Wu, 'China Is Achieving AI Dominance by Relying on Young Blue-Collar Workers', *Vice*, 21 December 2018.

[2] 'China's Success at AI Has Relied on Good Data', Technology Quarterly, *The Economist*, 2 January 2020.

[3] A. Aneesh, 'Global Labour: Algocratic Modes of Organisation', *Sociological Theory* 27 (4), 2009.

力平台，却强有力地交叉补贴亚马逊作为物流和软件公司的更加广泛的业务运营。[1] Mechanical Turk 对平台交易提成并不感兴趣，它真正感兴趣的是关于工作流程的数据。

考虑到像亚马逊这样的公司所具有的更广泛的商业模式的独特性，工人作为机器学习的引擎并不是一件荒谬难解的事情。在很多方面，亚马逊的行为与维多利亚时代的资本主义模式并无不同。随时会遭到解雇的工人依然拥进仓库，被迫长时间包装货物，生产剩余价值。但是亚马逊与其说是"万有商店"，不如说是一个通用的物流系统。正如马尔科姆·哈里斯以幽默的口吻指出，"亚马逊不仅仅是一家追求利润的公司，其行为更像一个计划经济"。[2] 巨大的仓库、运货卡车、亚马逊商店都是计算机化的物流系统的物质体现，该物流系统分配着劳动力、货物和信息。亚马逊商业模式的各个方面都旨在提高其计算能力。例如，亚马逊的 Amazon Prime 每做一笔生意都会赔钱，它的存在只是为了吸引客户进入平台，从而为其留下物流和云服务所需的数据。正如金·穆迪所说：

> **信息技术将物流的各个方面都连成一个整体，将从货物的公路运输、铁路运输、空运、海运到各种存储和配送设施及其内部运作联系起来。巨大的数据仓**

---

[1] 关于通过平台资本主义作为数据收集工具进行交叉补贴的方式，参见 Nick Srnicek, *Platform Capitalism*, Polity, 2016, pp. 61—62。

[2] Malcolm Harris, 'The Singular Pursuit of Comrade Bezos', Medium, 15 February 2018.

**库或中心是这个实物供应链基础设施的关键，也是使货物和资金的流动更加快速流畅的关键。**[1]

在成为物流巨头的过程中，亚马逊开发了亚马逊网络服务，最初只是一项针对数据存储、软件应用程序和计算能力的内部服务，后来则成为亚马逊大部分运营收入的来源。[2]亚马逊网络服务现在是云计算领域的全球领导者，为政府提供数据存储空间，为军队提供算法能力，给其他公司提供物流解决方案和机器学习。现在越来越多的公司和政府机构依赖亚马逊来组织和存储他们的数据，这需要一个和实物构成的基础设施一样巨大的基础设施，这个基础设施由数量和规模每年都在扩大的巨大数据中心构成。[3]

与谷歌的知识垄断和脸书的"社交产业"一样，亚马逊的物流巨兽显示出一种日益集权的经济模式。[4]科技巨头之间越来越多的合作伙伴关系，以及它们与各种政府机构的合作，构造了一个令人毛骨悚然的资本主义政治格局，其目的是营造一个由数据决定的和谐社会，这个和谐社会既令人着迷又极具破坏性。[5]我们有理由推断，在这

---

[1] Kim Moody, 'Amazon: Context, Structure and Vulnerability', in Jake Alimahomed and Ellen Reese, eds, *The Cost of Free Shipping: Amazon in the Global Economy*, Pluto, 2020.
[2] Srnicek, *Platform Capitalism*, p. 62.
[3] See Amazon Web Services, 'Global Infracture', at aws. http://amazon.com/about-aws/global-infrastructure.
[4] Richard Seymour, *The Twittering Machine*, Verso, 2020, p. 23.
[5] See Russell Brandom, 'Google, Facebook, Microsoft and Twitter Partner for Ambitious New Data Project', The Verge, 20 June 2018. See also Alex Hern, '"Partnership on AI" Formed by Google, Facebook, Amazon, IBM and Microsoft', *The Guardian*, 28 September 2016.

个想象的未来，公司获利的主要手段不是工资关系，而是数据获取，平台阶级将不再依赖劳动，而是依赖来自日常习惯和行为的社会活动。看看平台巨头希望有朝一日实现自动化的服务范围——仅举几例：仓库、快递、人力资源、健康和金融——我们看到一个萌芽中的未来，在那时，工资关系被彻底取消，蔓延至整个世界的大型企业集团继续拥有和控制生产资料，但它们不再雇用人类，人类的主要任务只是通过日常活动为机器提供数据。这个想象中的未来困扰着微工作的世界，在这个世界里，关于任务的数据通常比任务本身更加重要。作为生产活动的工作变得不再重要，但并未消失。相反，随着生产性工作对资本主义系统的利益越来越边缘化，它渗透到整个社会领域，而渴望收入的工人被迫将所有醒着的时间都用于能够挣钱的活动。"仆人经济"在全世界向人们招手，杰森·史密斯写道："它使商业主义浸入日常生活的每个毛孔之中，将任何对其进行抵制的行为视为犯罪。如果有人胆敢亲吻而不支付金钱，他们将遭受 19 世纪偷猎者受到的待遇。"[1]

微工人在不知不觉中或不情不愿中，被迫完成将这一世界变为现实的任务。这样的图景并非只是猜测而已，而是我们自己的停滞不前的糟糕的服务工作经济的折射影像，而我们的经济被日益专制的国家和市场的联合体控制，这种控制近年来在人工智能行业找到了忠实的助手。这些品质不由让我们想起一些国家，其无处不在的面部识

---

[1] Jason E. Smith, 'Nowhere to Go: Automation, Then and Now Part 2', *Brooklyn Rail*, April 2017.

别、生物识别和个人设备跟踪等控制手段已经被纳入不断发展的社会信用体系,该体系奖励人们温驯服从,而惩罚反抗与颠覆。

当然,硅谷有它自己的集权主义动机。一个极右翼的团体——计算机科学家柯蒂斯·亚文(Curtis Yarvin)、PayPal的敲骨吸髓的创建人之一彼得·泰尔(Peter Thiel)和原法西斯政客史蒂夫·班农(Steve Bannon)——围绕新反动派先知尼克·兰德(Nick Land)的思想联合起来。兰德的理论作品基本上属于加速主义传统,成功地预测了一个"失控的过程",即在人工智能的支持下,资本完全脱离了人类的生活。[1]在这一噩梦般的情景下,资本和劳动力之间的整个对抗状态完全消失在了资本统治的阴影之中。这些思想为一种新反动主义立场提供了理由,这种新反动主义将民主视为对自动化社会顺利运作的诅咒,并提议用公司首席执行官政权代替民主国家。尽管听起来有点奇怪,但这些思想对硅谷精英来说并不陌生,用戴尔-魏泽福特等人的话说,它们构成了"人工智能文化氛围的一部分"。[2]

即使我们抵制兰德的原法西斯噩梦的欢欣鼓舞的宿命论,即使在不太极端的情况下,自动化在经济停滞中继续发展,无论多么缓慢,最终仍将导致严重的人类灾难。而硅谷精英中据称是受人尊敬的那部分人心里想的正是这一

---

[1] Nick Land, 'A Quick and Dirty Introduction to Accelerationism', *Jacobite*, 25 May 2017.

[2] Nick Dyer-Witheford, Atle Mikkola Kjøsen, and James Steinhoff, *Inhuman Power: Artificial Intelligence and the Future of Capitalism*, Pluto, 2019, p. 157.

悲惨的世外桃源。极为荒谬的是，正是 Appen、Playment 和 Mechanical Turk 等平台上的工人承担着创造这一未来的任务。这些微工人处理数据，为使得自动驾驶汽车和智能城市成为可能的算法提供支持，他们工作的隐性作用就是废除他们自己的工作和他人的工作。他们提供的数据，为聊天机器人取代快餐工人、送货机器人取代快递员和无人制造系统取代工厂工人提供支持。他们监督的算法废除了对主管和经理的需求。谷歌和脸书已经很清楚，内容审核者的最终作用就是让自己的工作自动化从而失业。[1] 在此过程中，微工人发挥了加速劳动力过剩的悲剧性功能。"任何关于吸收这种过剩劳动力的问题都已经解决了，"贝纳诺和克莱格悲观地指出，"现在唯一的问题就是执行，比如将其隔离在监狱中，边缘化在贫民窟和难民营……消灭在战争中"。[2] 现在，这些难民、囚犯和家园被占领的受害者为法律所迫或环境所迫而从事微工作，从而承担其他劳动力过剩更加严重的掘墓工作。肯尼亚达达布难民营的难民、芬兰监狱的囚犯、美国铁锈地带的失业工人，都代表着被迫让更多的劳动力过剩的过剩劳动力。

---

[1] Davey Alba, 'The Hidden Laborers Training AI to Keep Hateful Ads off Youtube Videos', *Wired*, 21 April 2017.

[2] 'Misery and Debt', *Endnotes*, April 2010.

# 第五章
# 无收入者的抗争

那么，有没有可能将那些破坏自己就业基础的工人组织起来？这个问题应该放置在另一个更大的问题下面来考察，即越来越多的非正规工人、临时工和"微企业家"是否拥有以早期工人阶级运动的规模展示其抗争力量的主观能动性？骚乱、野猫罢工（未经工会领导批准的罢工）和暴力动乱是剩余劳动力斗争的漫长而断裂的历史的一些片段。从马克思以来，众多著作都提出警告，认为这种斗争在任何时候都容易在反动派的魔咒下偃旗息鼓。[1] 这些著作认为，必须将"失业者"组织起来，否则就会出现"政治地狱"。[2] 在巴西总统雅伊尔·博索纳罗（Jair Bolsonaro）、印度总理纳亨德拉·莫迪（Nahendra Modi）和美国前总统唐纳德·特朗普（Donald Trump）等新法西斯巫师的政治中，这一地狱正在肆虐，向下滑落的中产阶级和贫困阶层早已成为一体，试图发出自己的声音，越来越多的人向反动势力寻求安全和希望。但这些失业的无产阶级在骚乱和叛乱点燃的城市中燃烧，这些骚乱和叛乱代表了21世纪生活中越来越普遍的特征。从圣地亚哥燃烧的公共汽车和车站,到厄瓜多尔和伊朗的动荡不安,再到明尼阿波利斯和洛杉矶警察局被烧成灰烬,一场毫无希望的未来的盛大景观点燃了整个夜晚。

那么这就是一场赌博——这些穷人和状况极不稳定的人没有被组织起来,要么被反动力量所控制,要么在资本主义系统边缘发动间歇性的暴动。数量巨大的剩余劳动力纳入资本的可能性愈微弱,这一赌博的风险就愈高。随着新自由主义时刻抵达其惨淡的结局,解决过剩人口的策略趋向于马尔萨斯人口论的陷阱。死亡邪教已经达成共识,为了阻止贫民窟、战争、债务缓慢导致的世界末日,以及现在气候灾难快速导致的世界末日,只需要将"微"字添加在金融、企业或工作之前就可以了。任何严肃切实的解决方案都会暴露硅谷和华尔街亿万富翁的利益。在让受难者成为正常人类的问题上,空洞的承诺取代了真诚的动机。微工作网站提供的"工作"或"技能"仅仅是本书试图揭露的两个虚假承诺。

或许有理由认为,这些承诺解释了为什么这些网站没有发生大规模罢工、没有对数据的蓄意破坏和导致算法中断的行为,只有一群工人,他们如此安静,让人觉得劳动力剩余在人类历史上并不存在。正是基于这个原因,我们很怀疑微工作是否能够提供一条让人们对抗资本的途径。

---

[1] 关于作为无产阶级一部分的"流氓无产者"容易落入反动势力的掌控的最有影响的描述,参见 Karl Marx and Friedrich Engels, *The Communist Manifesto*, Penguin Classics, 2002, p. 231. See also Frantz Fanon, *The Wretched of the Earth*, Penguin Classics, 2001, pp. 103, 109。

[2] Guy Standing, *The Precariat: The New Dangerous Class*, Bloomsbury, 2016, p. vii.

显而易见，由于微工人极为庞大的数量，他们的罢工行动会波及整个资本主义系统。随着风险资本停止投入，人工智能项目就会陷入困境；算法会做出悖离需求的决定，犯下危险的错误。即使在较小的范围内，内容审核者的罢工会立刻导致暴力和色情图片将用户淹没。

但是，这种规模的反抗活动在其见光之前就被扼杀在萌芽之中。在脸书未能阻止总统特朗普利用该网站煽动种族主义暴力之后，一些内容审核者向那些愤而离去的脸书员工发出声援信息，这些信息表达了这些工人们面临的风险：

> **我们会选择和你们一起离去，只要脸书允许。作为外包工作者，保密协议阻止我们公开谈论我们大多数醒着的时候所从事的工作和目睹的事情……与脸书的正式员工不同，保密协议还阻止我们表达对一些事情的担忧，参与公众关于与这一工作相关的不可避免的道德问题的讨论。我们会选择和你们一起离开，只要我们能够承受结果。在当下，内容审核者没有可能，没有网络或平台或财务安全来有效地发动一场离职行动，而不会冒被罚款的风险，以及失去收入和我们待在目前生活和工作的国家的权力，尤其是我们在疫情中被原子化，被远程微管理的情况下。**[1]

法律和软件架构用虚拟形象代替实际的人体，通过关停账户压制冲突，或用保密协议禁止用户发表言论，从而让工人们丧失任何反抗的能力，让其肩负越来越大的压力

---

[1] Fbcontentmods, 'This Is a Message of Solidarity...', Medium, 8 June 2020.
Fbcontentmods, 'This Is a Message of Solidarity...', Medium, 8 June 2020.

而无法采取行动。人工智能在人类和事物的生产和流通中的存在越普遍，资本面临影响数据流动的破坏就越脆弱。然而，机器学习越多地渗透进劳动过程，就能够通过监视和游戏化来化解紧张局面，数据流动的破坏就越不可能。因为算法的控制在工人的行为得以展开之前就已经让其胎死腹中，因此工人们的呐喊很容易转变成为软件代码发出的温和的嗡嗡声。

然而这种被动无力的状态并非微工人们所独有，而是体现了当今工人运动更加广泛的迟钝麻木，无法对抗一个不再像二战后那样高度依赖劳动力的资本主义系统。工业增长的黄昏时期，工人们与资本讨价还价的能力减弱了，工会成员人数下降了，正如伯尼·桑德斯和杰里米·科尔宾失败的民主努力所表明的那样，一个群众性的工人党派的必要条件已经完全消失了，当今的工党依赖于一个基本上变得毫无力量的工人运动。工人权力撤离的空间被平台填补，平台重新施展出资本对劳动力的完全支配，让人想起早期工业时期资本对劳动力的完全支配。我们似乎只能得出这样的结论，"晚期资本主义对人的这种分类"已经完全关闭了所有工人进行抗争的途径。[1]

## 工会之外的联合

微工人是过剩的、被排斥在外的、非正规的劳动力，

---

[1] Mike Davis, *Planet of Slums*, Verso, 2007, p. 199.

而不是有正式工资的劳动力，因此无论是比较松散的工人联合组织，还是更典型的有组织的劳工机构，微工人都对其构成极大的挑战。微工作分散在世界各地，微工人构成一个平台，这一平台可以吸纳工人巨大的剩余劳动力，这一切都让微工人很难组织起来。以月为单位或年度为单位的工会资格与微工作的时间节奏相抵触，微工人以天为单位登录平台，但经常在上面停留短暂的时间。微工人和任务发布者之间的"合同"仅仅持续几分钟的时间，有时候仅持续几秒钟，他们的工资极不稳定，很难负担工会的会员费。

即使微工人能够负担工会会员费，但工会往往是通过职业或专业的身份来界定其会员资格，而微工作却很显然不符合这样的标准。微工作没有清晰的职业、领域或专业，只是一些联系松散的零工，这些零工是我们这个低增长经济的典型特征。像"大英独立工人工会"这样的新工会，依照不稳定的合同而非职业地位的标准来吸收会员，给这种黯淡的情景提供了一丝曙光。但即使这样的工会成为普遍而非罕见的例外，微工作也经常发生在贫民窟、难民营、监狱和被军事占领之地，工会无法达到这些地方，想要将这些微工人联合起来，要么危险异常，要么构成犯罪。

即使在这些极端的空间之外，微工人都隐藏在卧室和网吧之中，他们对彼此或对可能将其组织起来的机构来说，都是看不见的。微工人在地理空间上被分散开来，很少在实际空间中见面。对那些能够采取有效劳工行为的劳务网站来说，城镇中心的会面一直是组织的核心要素。正如 Deliveroo 的主要组织者卡勒姆·康特所说：

> Deliveroo开始进一步增加劳动力供应……每天晚上都有更多的骑手开始工作,但订单数量保持不变。这就意味着我们工作时间更少,收入更少,在服务中心花费的时间更多。当我们不再一单连着一单地送快递的时候,每个人开始互相认识。我习惯于加入在骑手服务中心等待的5到30名工人中开始我的工作。[1]

试图通过扩大劳动力供应来规训工人的做法,只会把原本分散的劳动力聚集在一起,并提供将其组织起来的基础。这种面对面的接触在布莱顿、伦敦、南安普顿、纽卡斯尔、牛津和其他英国城市引发了大量的未经工会批准的野猫罢工。[2]然而,当工人们只能通过在线头像相遇的时候,很难想象能够引发一系列类似事件。微工作网站阻止工人组织在公共维度上的发展,不仅通过遥远的地理距离,还通过软件界面限制微工人相互联系。

微工人所面临的这些障碍将他们的组织方式限制在远非理想的在线论坛领域。Turker Nation 和 MTurk Grind 的用户,以及以 Mechanical Turk 上的工人为关注点的 Reddit 网站的用户,参与一些小规模、非对抗性的行动,例如为同事筹集资金等。[3]这种行动在针对特定网站架构

---

[1] Callum Cant, *Riding for Deliveroo: Resistance in the New Economy*, Polity Press, 2019, p. 104.
[2] Callum Cant, 'Deliveroo Workers Launch New Strike Wave', Notes from Below, 28 September 2019.
[3] Niloufar Salehi, Lilly Irani, Michael Bernstein, Ali Alkhatib, Eva Ogbe, Kristy Milland, and Clickhappier, 'We Are Dynamo: Overcoming Stalling and Friction in Collective Action for Crowd Workers', *CHI '15: Proceedings of the 33rd Annual ACM Conference on Human Factors in Computing Systems*, 2015.

的时候最为有效。为了反对针对微工人的单方面的评价，Mechanical Turk 上的微工人开发了 Turkopticon，这是一个网站和浏览器插件，能够出现在工人的屏幕上，允许他们撰写对任务发布者的评论，并实时发布。[1] 存在这样一个工具的事实让任务发布者知道他们可能会被评价，这本身就会防止工资盗窃和其他不端行为。但是，这样的插件虽然有助于规范任务发布者的行为，但它并非为了改变平台本身而创造。插件本身很难发动群众组织，即使它的确表明工人们可以集体组织起来。它旨在规范任务发布者的行为，而不是释放工人的集体力量，它的作用仅仅是改良，而非革命。

试图让平台表现更好的努力，其影响与其他试图驯服资本的更恶劣因素的尝试一样非常有限。在2011年的一次写信运动中，Mechanical Turk 平台上的工人给杰夫·贝索斯写信，要求他提高劳动力价格并改善网站功能。这些信件试图向贝索斯以及全世界表明，"Mechanical Turk 上的工人不仅是真实的人，而且是值得尊重、公平对待和公开交流的人"。[2] 其中有一封信毫不含糊地告诉这位 CEO："我是人，不是算法。"[3]

该活动在"我们是发电机"（We Are Dynamo）论坛上举行，该论坛由网站上工作的工人组织，为网站上工作的

---

[1] Lilly Irani and M. Six Silberman, 'Turkopticon: Interrupting Worker Invisibility in Amazon Mechanical Turk', *Proceedings of CHI 2013: Changing Perspectives*, 2013, pp. 612—615.

[2] Salehi et al., 'We Are Dynamo'.

[3] Mark Harris, 'Amazon's Mechanical Turk Workers Protest: "I Am a Human Being, Not an Algorithm"', *The Guardian*, 3 December 2014.

工人服务，该活动是迄今为止由 Mechanical Turk 上的工人成功组织的唯一行动。在论坛有限的运行期间，成员可以发表想法，并对他人的想法进行投票，从而成为工人围绕民意进行动员的手段。用它的设计者的话说，其目的是为了创造"人数达到足以采取行动的群体——没有工会的联合体"，取代更加传统的劳工组织，而传统的劳工组织一直在忽略网站，或无法代表网站用户。[1]

但是"我们是发电机"论坛并没有持续多久。这个网站依靠 Mechanical Turk 来发布任务，以验证新成员的身份是否为真正在 Mechanical Turk 上工作的微工人。一旦亚马逊意识到这个论坛之后，就迅速地关闭了发电机论坛的账户，切断了论坛新成员的来源。[2] "我们是发电机"论坛如此迅速地一败涂地，表明工人们试图集体组织起来时面临着西西弗式的难以完成的艰巨任务。

写信运动仍然是 Mechanical Turk 上的微工人迄今所采取的唯一行动。尽管有效地吸引了媒体对平台上工作的人们的关注，可以说迈出了采取更强有力行为的第一步，但该运动的结果不是将工人们组织起来，而是让人们意识到他们是活生生的人。此类行动的局限性反映了原子化的劳动力所具有的局限性，他们被迫通过非正规的在线方式会面，因为权利和金钱的缺乏无法将行动转化为更加持久的东西。因此，没有出现围绕 Playment 和 Appen 等网站的类似行动就不足为奇了。

---

[1] Salehi et al., 'We Are Dynamo'.
[2] Miranda Katz, 'Amazon's Turker Crowd Has Had Enough', Wired, 23 August 2017.

然而，以这些理由来谴责微工人使用的这些手段是幼稚的，因为至少它们让工人们意识到了一种普遍的集体斗争。当传统工会的策略显然无法应对数字世界的挑战的时候，论坛和插件成为工人联合的新形式，尽管这些形式面临关停账户、差评和保密协议的威胁。这样的工人联合的形式是否能够将萌芽的数字抗争转化为适当的行动，尚有待观察。

## 无收入者的抗争

老问题依然在困扰新的渴望，那就是难以组织运动的工人将何去何从？一个答案可能是暴动。约书亚·科洛弗认为，在我们这个增长停滞和金融化积累的时代，"暴动是剩余劳动力体现自我的方式"。[1] 如果对科洛弗来说，从19世纪到1973年以生产为中心的积累的时代标志着工人罢工的顶峰，以金融和物流为主导的当下则有着越来越多的剩余劳动力，这些劳动力处于工会组织之外，已经积累到了发动暴乱的程度。[2] 2008年危机之后的几年里，这个不稳定的群体催生了从伦敦的骚乱到智利的暴动等一系列抗争，以应对劳动力需求的减少和物价的上涨。这些暴乱

---

[1] Joshua Clover, *Riot Strike Riot*, Verso, 2016, p. 170.
[2] See Clover, *Riot Strike Riot*. 与通常的无序和有序、暴力与规矩、非法与合法等简单的评价不同，科洛弗对骚乱和罢工进行了更加细致入微的理解，仔细辨析了其各自的冲突领域（流通领域或生产领域），核心行为（抢劫、封锁街道和高速公路、破坏机器、破坏工作场所），以及各自的目标（确定商品价格、确定工资水平）。

是法农所谓的"地球的悲惨者"敌对情绪的体现，是无组织者和无权利者的爆发，其参与者是那些被剥夺者——移民、罪犯和失业者，他们被排斥在社会的边缘，只能被无情的国家操控和压迫。[1]

科洛弗的理论将罢工和暴乱按照历史时期分开，认为后者正在取代前者，很有启发性地表明为什么微工人很难产生对资本构成困扰的行动。难民、贫民窟的居民和失业工人基本上都是缺乏收入的过剩劳动力，他们间歇性地承担训练谷歌算法的任务，发现自己很难通过平台体现力量，只能通过被剥夺者的群体起义体现自己的力量。肯尼亚达达布难民营的微工人的收入极不稳定，在科洛弗看来，他们是2011年席卷该难民营的骚乱的主要参与者。[2]菲律宾工人在微工作中谋求生计的挣扎在圣罗克暴乱中得到体现。[3]

但科洛弗在分析无收入者的斗争时，将无收入者视为统一的力量群体，他这样做是错误的。对科洛弗来说，暴乱成为我们当下的历史主题："暴乱四处寻找过剩人口，这些人口是其扩张的基础。"[4]但他的这种说法具有潜在的不良影响，会让被资本视为过剩的劳动力丧失主观能动性。尽管有些人会不可避免地被卷入暴乱之中，但需要强

---

[1] Fanon, *Wretched of the Earth*.
[2] 'Two Killed as Kenyan Police Try to Quell Riot in Packed Refugee Camp', UN News, 1 July 2011.
[3] Jason Gutierrez, '"Will We Die Hungry?" A Teeming Manila Slum Chafes under Lockdown', *New York Times*, 17 April 2020.
[4] Clover, *Riot Strike Riot*, p. 154. Throughout the chapter 'Surplus Rebellions', the riot repeatedly appears as the subject of history. Also see Alberto Toscano, 'Limits to Periodization', *Viewpoint Magazine*, 6 September 2016.

调的是，在全球过剩人口中并不存在一个统一的主体或单一的趋势。事实上，在过去几十年里，失业者和非正规就业者有不同的派别组织起来发动运动，其影响力远远超出了当时短暂的爆发时期。有充分的理由相信，这些斗争为那些被迫在线寻找收入的人提供了未来行动的借鉴。

由于无法直接影响生产，许多失业工人重新将封锁城市作为扰乱人员和货物流通的主要策略。这一策略在1990年代中期由阿根廷的失业工人发动的拦路者运动（Piquetero Movement）中得到推广，该运动封锁布宜诺斯艾利斯周围的主要高速公路，迫使政府为该市的穷人和失业者提供更好的福利。[1]在21世纪，这一封锁策略在全球失业工人中变得非常普遍，从俄罗斯下岗建筑工人封锁通往城市的道路以争取工作救济，到孟加拉国坦盖尔区的失业者在新冠肺炎疫情期间堵塞当地高速公路来争取食物，都使用了这一策略。[2]

同失业者一样，非正规工人也在依赖封锁和路障。在印度次大陆，人力车司机经常用身体和车辆封堵道路，要求改善市场状况。2019年孟加拉首都达卡的司机封堵了该城市大部分地区，以抗议城市在投机性开发项目预备地区禁止人力车的决定。在整个城市遭受严重的交通拥堵之后，地方当局迅速解除了人力车禁令。[3]这种迫不得已的

---

[1] See Federico Rossi, *The Poor's Struggle for Political Incorporation: The Piquetero Movement in Argentina*, Cambridge University Press, 2017.
[2] See 'Workers Left Jobless Block Tangail-Mymensingh Highway for Food', *The Daily Star*, 27 April 2020. Also see 'Unemployed Workers Block Russian Highway', Radio-FreeEurope RadioLiberty, 10 July 2009.
[3] 'Rickshaw Pullers Lift Block from Dhakar Streets', *The Daily Star*, 9 July 2019.

让步象征着国家对非正规工人的蔑视,尽管这些国家承认他们有能力使城市交通陷入停顿。拉丁美洲数以百万计的拾荒者也迫使国家做出类似的让步,他们在新自由主义衰落的生态困境中依靠捡拾垃圾为生。拾荒者现在被很多城市招募,参与到对抗气候灾难的战斗中,他们只能通过组织和实施封锁垃圾场等策略才能获得法律的认可。[1]洛杉矶的街头小贩使用类似的策略,在与城市当局的持续斗争中甚至获得了最基本的法律保护。

在汽车或石油等具有严密细微的劳动分工的行业之外,这些抗议行动往往停留在人口再生产层面,而非物质生产层面。里娜·阿加瓦拉在其关于印度非正规就业领域的组织的权威研究中,揭示抗议的劳动者很少直接要求加薪,而是要求以福利、法规和权利的形式实现的商品的去商品化。[2]非正规工作的特征是工人往往没有雇主或工作合同,这意味着他们只能向国家提出要求。他们的成功往往依赖于阻碍城市交通的策略,迫使政府做出让步。这不仅适用于印度,也适用于其他国家。巴西的"无家可归的工人运动"(Homeless Workers' Movement)策略性地堵塞私人住房的交通,占领荒废土地,并将其交给那些被迫生活在贫民窟条件下的人们,防止新的投机性开发。通过扰乱房地产市场,这场运动在关于城市穷人利益的城市政策的改变方面发挥了巨大的作用。在这里,那些被排除在国

---

[1] Marta Marello and Ann Helwege, 'Solid Waste Management and Social Inclusion of Waste Pickers: Opportunities and Challenges', *Latin American Perspectives* 45 (1), 2018.

[2] Rina Agarwala, *Informal Labor, Formal Politics, and Dignified Discontent in India*, University of Cambridge Press, 2013.

家—市场联合体之外的人进行了抗争，并且在一定程度上获得了城市的合法权利。

平台经济中新一波的斗争也开始采用与之相似的策略，这似乎并不足为奇。当平台将城市非正规领域的逻辑和参与者转变为积累核心的时候，微工人所产生的需求和策略，不出所料地与小贩、人力车夫和快递员等"个体经营者"的需求和策略一致。

在新冠病毒大流行的紧张时期，拉丁美洲爆发了一场非常引人注目的行动。2020年7月在圣保罗，5000名快递员参加了一场席卷整个城市的历史性大罢工，这是迄今为止针对平台资本最大规模的行动之一。[1] 快递员，俗称骑手，用助动车在城市里四处运送货物，城市依靠他们的劳动得以运转，但却对他们的存在表现出极大的敌意。骑手主要来自圣保罗贫民窟的非洲裔巴西人，他们每天都生活在作为消耗品的现实中，不仅因为工资太低而无法生存，还面临着更加残酷的交通事故和蓄意攻击，这种悲惨的景象无处不在，以至于城市现在到处都悬挂着白色的"幽灵自行车"来纪念那些因事故死去的骑手。[2] 圣保罗的非正规就业领域如此巨大，以至于总会有其他的骑手来取代那些路上遇难的人。就像许多在 Mechanical Turk 或 Playment 平台上寻找工作的人一样，这些骑手的日常工作跨越正式和非正规的界限，从为临时客户跑腿到 UberEats 和 iFood

---

[1] Callum Cant, 'The Frontline of the Struggle against Platform Capitalism Lies in São Paulo', Novara Media, 3 October 2020.
[2] Martha Pskowski, '"They Aren't Anything without Us": Gig Workers Are Striking throughout Latin America', Vice, 11 August 2020.

的快递工作，无所不包。

当送餐平台扩大了劳动力供应，并将现有的工人降级为后备工人后，罢工在南美洲开始蔓延，到达智利、阿根廷和秘鲁。[1]当越来越多的快递员通过社交媒体或口口相传聚集在他们的快递集散地时，自发的、未经计划的、在正式劳工运动之外的罢工开始了。随着他们得到了城市其他被剥夺者的支持，工人和非工人界限变得模糊，形成了一个愤怒和沮丧的团体。在该行动的城市中心圣保罗，庞大的人群和自行车队封锁了桥梁和商场，以阻止货物流动，将原本针对几家公司的罢工变成了全市范围的停摆。

与拉丁美洲和印度次大陆的非正规工人的斗争策略相呼应，快递员们阻止交通让整个城市的经济活动停止，迫使政府监管他们工作的平台。其他平台的罢工更加直接地集中在推动国家对经济的监管上。仅列举数例，优步司机2018年在开普敦和2019年在孟买的罢工主要是围绕降低汽油价格的要求。[2]由于工人被迫购买自己关键的劳动资料——优步司机必须提供自己的车辆和汽油——他们罢工的要求往往集中在商品价格上。在开普敦，优步司机多次堵塞城市关键道路以推进这些要求。巴黎的司机也采用了类似的策略，他们封锁了该国的机场，伦敦的司机封锁了前往威斯敏斯特和伦敦交通局的交通，以抗议危及司机生

---

[1] Martha Pskowski, '"They Aren't Anything without Us": Gig Workers Are Striking throughout Latin America', Vice, 11 August 2020.

[2] 'Uber, Taxify Drivers Strike over "Slavery-Like" Conditions', Independent Online, 13 November 2018. Also see Adiya Ray, 'Unrest in India's Gig Economy: Ola-Uber Drivers' Strike and Worker Organisation', Futures of Work, 9 December 2019.

存的气候政策。[1]

类似的抱怨和要求会促使微工人采取行动。像优步司机和非正规快递员一样，流通的痛苦在微工人的工作经历中的感受更加强烈；微工人必须为自己的笔记本电脑、电话、互联网和电费买单。当这些负担变得难以承受的时候——例如电价大幅上涨或互联网连接过于糟糕——微工人就有可能联合起来走上街头进行抗议。

当然，抵抗或许可以采取阻碍数据流通的数据封锁方式。但这又引出另一个问题：在数字资本的虚无世界中，封锁究竟会是什么样子？即使大量数据标注员放下各自的键盘和鼠标，仍有大量工人会留下来，准备接手罢工者的工作。不像优步和Deliveroo等其他网站，微工作网站的劳动力资源不受地域的限制，而是遍及网站运行的每个国家，通常已经拥有数百万的工人，而且不停有新工人的加入。任何不是这个群体中的绝大多数人都支持的行动，都只会将大量的任务留给那些不服从的少数人享受。

与其他领域的非正规无产阶级所采取的行动一样，微工人需要找到破坏流通的办法，而不仅仅是转身离去。有针对性地破坏任务或许被证明是一种必要的策略。其形式可以是大规模闲置任务到持续广泛的"捣毁机器"，这是一种古老的斗争策略，往往会转化为准起义组织。19世纪的英国纺织行业的激进分子卢德派就是这样一个"在隐秘

---

[1] See 'Protesting Uber Drivers Blockade Access to Paris Airports', The Local FR, 23 December 2016. And also see Sanjana Varghese, 'Like the Gilets Jaunes, London's Black Cab and Uber Drivers Rail against Environmental Policy', *Wired*, 1 April 2019.

的革命目标边缘不断颤抖"的团体。[1]在数字领域,"捣毁机器"实际上只是一种隐喻,破坏数据的行为与维多利亚时代的捣毁织布机截然不同。数据任务的大规模扰乱更像交通封锁,暂时停止数据交通,而不是实际将其摧毁——数据与织布机不同,它是非竞争性的、无处不在的、可以无限复制的。尽管如此,在算法统治的时期,这种行动具有无政府主义的吸引力。但与其他类型的在线行动一样,它有赖于足够多的参与者,这样就会法不责众,不让任何工人受到惩罚。与黑暗掩护下、蒙着面孔、伪装起来捣毁机器的卢德派分子不同,"捣毁"算法无法享受到这么多便捷的条件。[2]微工人时刻处于平台密切的监视之下,任何行动在发起之时就会被当场终止。

## 无收入者的运动?

与其他就业不稳定的工人和无薪阶层一样,对这些因为可以被随意替代和处于碎片化的状态而缺乏行动能力的微工人来说,没有直接有效的拯救方案。

对于封锁城市垃圾场的拾荒者、努力维持抗争运动势头的快递骑手和尚未开始行动的微工人来说,成功发动抗争运动的关键在于建立更加广泛的联盟。如今全球数量巨

---

[1] E. P. Thompson. *The Making of the English Working Class*, Penguin, 1991, p. 604.
[2] 关于卢德派更加详尽的论述,参见 Thompson, *The Making of the English Working Class*, pp. 605—645。

大的人群的命运,即那些无收入者的生存主义提出了一个非常重要的问题,那就是那些位于工资边缘的人能否形成与工业工人一样强大的运动。在很大的程度上,社会主义斗争的未来仍然极不明朗,除非这个群体中的大部分人能够想到新的战略措施、联合途径和团结网络。这种联合需要跨越由众多的地理、文化和身份构成的复杂的经济板块,有人基于这个原因认为这种联合注定会失败。然而,巴西的"无家可归的工人运动"和阿根廷的失业工人发动的拦路者运动等组织方式为工人、失业者和活动家提供了更广泛的无收入者运动的模板。的确,在21世纪,随着越来越多的人成为多余劳动力或不稳定就业的人员,想要在这个世纪发动针对资本的团结一致的斗争,斗争的主体必然是无收入者,而不是有收入者。

这种联合完全有可能不会出现。全球北方的城市中心的大学毕业生,或许从事着和那些困在贫民窟、关在难民营、遗弃在被人遗忘的铁锈地带的人们所从事的相同的任务。但是他们相对的生活机会仍然因为国家和种族的不同而不同,并且在危机日益严重的时刻差异只会进一步扩大。这个边缘群体的一端是记者保罗·梅森所谓的"网络化的个体",那些漂泊无定、就业不充分、大都市中生活的服务工人;在另外一端是被政府压制的被标记为剩余劳动力的人群。[1]争取更高报酬工作的国际竞争以及不同国家工资价格的竞争力,表明边缘群体的工作经验很难被普

---

[1] Paul Mason, *Postcapitalism: A Guide to Our Future*, Penguin, 2016, pp. 114—115.

遍分享。在这种情况下，平台成为一种虽然萧条但竞争极为激烈的系统，在这一系统下，日益恶化的不稳定性似乎只会滋生仇恨，反动势力越来越频繁地引导不满的人们去攻击劳动力中的弱势群体——妇女、移民和少数族裔——他们很容易成为资本失败的替罪羊。

但是想要防止被剥夺者再次成为"被收买的反动阴谋工具"，就必须出现更广泛的无收入者的联盟，将从柏林不充分就业的服务人员到圣保罗贫民窟的小无产阶级的边缘人群都囊括进来。[1]

那么，我们如何才能挽救已被遗忘的工人国际的梦想？现在这一梦想的主体不再是工人阶级，而是无收入阶级，他们需要团结起来，共同对抗一个将会导致赤贫和全球崩溃的资本主义体系。这样的运动似乎遥不可及。但是历史已经创造了众多的小的联盟、机构和要求，这些都是实现这一目标的必备条件。

## 第一，无收入者的联合

失业率急剧上升的时期往往会出现明确地以将失业者组织起来为目的的运动。第一次世界大战之后，由于失业导致的贫困率居高不下，英国大多数主要城市的大量失业人员占领建筑、封锁街道，并与地方当局发生激烈的对抗。抗议一开始的时候和我们今天看到的暴乱相似，但后

---

[1] Marx and Engels, *The Communist Manifesto*, p. 231.

来在英国共产党的引导下，成立了一个更加广泛、更加持久的组织——全国失业工人运动（National Unemployed Worker's Movement）。[1]在这一组织的主导下，零星的冲突凝聚成 1922 年的全国饥饿大游行。随后，该运动的成员迅速攀升至 10 万左右。随着英国陷入或摆脱经济危机，该会员人数出现波动，在大萧条期间失业人数增加，会员人数随之急剧增加。但到了 1937 年，随着失业人数再次开始下降，这场运动基本上已经偃旗息鼓了。

英国的全国失业工人运动将不可靠的动荡转变为持续的对抗，其手法在今天依然可以效仿。该组织以灵活多样的形式采取行动，支持其他被剥夺权利者的行动。该组织成功地发动了谢菲尔德和格拉斯哥等社区无家可归者日益增加的运动，该运动帮助阻止警察驱赶租客，并经常通过将被驱逐家庭的家具转移到闲置房屋来让贫民窟房东无法得逞。[2]英国的全国失业工人运动还与其他诸多工会联合，帮助强化罢工和解决争端。其一贯的政治立场有助于克服流氓无产者更加反动的因素，主要通过反法西斯教育和行动，比如在成员中分发诸如《法西斯危险与失业者》等宣传册。[3]

尽管这些运动是在英国共产党的"失落的世界"中实现，并依靠一定程度的激烈的先锋主义来争取成员并组织

---

[1] 'How the National Unemployed Workers' Movement emerged can be found in: John Burnett, *Idle Hands: The Experience of Unemployment 1790—1990*, Routledge, 1994, pp. 255—256.
[2] Marcus Barnett, 'Unemployed Workers Can Fight Back', *Jacobin*, 18 July 2020.
[3] Wal Hannington, 'Fascist Danger and the Unemployed', National Unemployed Workers' Movement, 1939.

行动，但其领导者更多还是于从失业者中出现，他们往往是熟练的工程师，拥有曾经在工会组织中的工作经验。[1]虽然当今世界必须优先考虑类似的运动，但必须采用不同的形式。完全围绕"失业者"身份而发动的运动往往只局限于巨大人口中仅仅一部分人的命运。失业者的命运与反复无常的劳动力市场息息相关，当经济开始复苏，新市场开始拓展的时候，失业人数就会随之下降，失业者对"工作"和"安全"的需求将得到满足——无论以哪种大打折扣的方式——失业者群体就会随之解体。在我们当今缓慢增长和失业中复苏的时代，危机后的失业高峰会将失业者分散到不断增长的不充分就业中，从而导致非正规、低工资工作的永久性增加。也就是说，失业并未消失，只是披上了不稳定就业、不充分就业和工作中贫困的幌子。但问题是，失业和不充分就业往往被人倾向于看作各种政治问题，而非劳动力需求减少的结果。因此，有必要围绕比"失业"更加广泛的身份发动运动，以团结所有被剥夺了工资的人。

巴西的"无家可归的工人运动"中可以找到这种比失业者更加广泛的身份。如前所述，该运动旨在将"工人、劳工、非正规就业者、不充分就业者和失业者"团结起来，共同争取更好的住房条件。[2]虽然表面上其目的是为其成

---

[1] Ralph Hayburn, 'The National Unemployed Workers' Movement, 1921—1936', *International Review of Social History* 28 (3), 1983, p. 286. See also Raphael Samuel, *The Lost World of British Communism*, Verso, 2006.

[2] Cibele Rizek and André Dal'Bó, 'The Growth of Brazil's Homeless Workers' Movement', *Global Dialogue: Magazine of the International Sociological Association* 5 (1), 2015.

员寻求正式的住房,但该运动在很多条政治战线上动员了圣保罗的一部分穷人反对国家和资本。[1]对体面住房的要求提供了一个切入点,弱势群体可以围绕这个切入点团结起来,成为大家共同斗争的目标,我们可以认为,这种斗争同样符合快递骑手和微工人的生存本能。

## 第二,无工资者中心

为了形成更广泛的联盟,那些被剥夺工资的人需要通过一定的途径在罢工或抗议之外的时候在物理空间见面。工人中心或许可以为那些分散的就业不稳定和一无所有者提供面对面接触的机会。美国各地的移民临时工就采用了这一策略,工人中心为那些作为廉价劳动力从国外招来然后被推到国家边缘的人提供了交流空间,形成所谓的"没有工会的联合"(unities without unions)。保罗·阿波斯托利斯在其《为时间而战》一书中详尽描述了工人中心作为非资本主义社会交往的作用,认为工人中心为那些因为竞争和不稳定的工作模式而相互分裂的人带来了"精神支撑和相互帮助"。[2]仅仅美国就有200多个这样的中心存在于全国各地,其目标包括提供建议、提供空间、商量针对

---

[1] 关于该组织在反对世界杯和对巴西前总统迪尔玛·罗塞夫(Dilma Rousseff)进行弹劾方面所发挥的作用的讨论,参见 Victor Albert and Maria Davidenko, "Justification Work: The Homeless Workers' Movement and the Pragmatic Sociology of Dissent in Brazil's Crisis", *European Journal of Cultural and Political Sociology* 5 (1—2), 2018。

[2] Paul Apostolidis, *The Fight for Time*, Oxford University Press, 2018, p. 188.

雇主的办法等。这些工人中心与其面向的工人一样，具有非正规性，它们不像政府机构那样受到意识形态的严格限制，也不像工会那样受限于某一部分劳动力。正是这个原因，它们能够，也的确经常，为它们服务的工人提供政治教育。

为了让非正规工人建立相互联系的纽带而建立的工人中心，其潜力远远超出了临时工的范畴，很容易为快递骑手、兜售纸巾的沿街小贩和在线接任务的工人建立类似的工人中心。无产阶级中的这部分人经常在市场的驱动下不知道其他面临类似生存斗争的人的存在。例如，在印度德里、卡纳塔克邦和马哈拉施特拉邦等微工作高度集中的地方，工人中心能够提供比孤立的在线论坛更有意义、更加持久的相互接触的方式。[1] 遍及全球的实物的、砖头水泥的工人中心里，人们可以面对面碰头，能够通过在线空间将不同的工人中心连接起来，这将有助于促进更广泛的劳工运动所需要的各种交流。

这些工人中心除了提供政治教育之外，还可能通过向那些长期被资本忽略的人提供相互帮助和支持，实现一种更加激进的政治立场。工人中心可以提供食物、服务和住所，传说中的社会主义设想——双重权力[2]——似乎再次有了实现的可能。与列宁对苏维埃和工人委员会的定义相

---

[1] See Rajat Kathuria, Mansi Kedia, Gangesh Varma, Kaushambi Bagchi, and Saumitra Khullar, *The Potential and Challenges for Online Freelancing and Microwork in India*, Indian Council for Research on International Economic Relations, December 2017.

[2] 双重权力（dual power）是列宁在一篇名为《双重权力》的文章中首次使用的术语，指1917年俄国二月革命之后两个政权——俄国临时政府和苏维埃政权——并立的局面。——译者

关，双重权力在今天的工人联合的网络和互助群体中不见踪影，这些网络和群体往往受到资助者利益或"服务提供者"期待的约束，经常是去政治化的。互助组织一旦与政治指导和动员相结合，就会对市场构成困扰，而市场对人类需求的完全支配就会难以为继。当双重权力充分实现的时候，"权力转移至人们每天寻求帮助和寻求领导的网络，这种网络就会成为事实上的政府，而不会对表面上的法律结构形成正式的挑战"。[1]

## 第三，要求

最近在全球北方，许多激进的要求让左翼政治想象重新振作起来，这些激进要求要么出现在处于工资边缘的人群中，要么被这个人群所借鉴。在新冠肺炎疫情最严重的时期，这些激进要求涌现而出，这时候资本暂时进入休眠，而资本主义经济体的大部分参与者都以某种方式依赖国家的支持。人口中被判定为过剩的部分被迫——要么因为病毒感染的死亡威胁，要么因为饥饿——为一些要求而斗争，而这些要求在之前被认为要么过于激进，要么已经消失在历史之中。它们往往以福利（住房、食品、医疗保健和教育）为中心，而不是追求工资增长，在这一方面，印度等国的非正规工人的注意力也同样并非集中于工资。[2]

---

[1] Fredric Jameson, *An American Utopia: Dual Power and the Universal Army*, Verso, 2016, p. 4.
[2] Agarwala, *Informal Labor*, p. 33.

事实上，这些要求都潜在地追求一个超越工资的世界。这一切努力，都在渴望一个新的世界，该世界中的生活在很大的程度上是去商品化的，其去商品化甚至达到了社会主义的程度。

疫情和封锁意味着世界上许多就业不稳定的人比以往更加难以支付水电气费或房租，他们也比以往更加抗拒支付这些费用，迫使政府介入并对这些费用进行补贴。这场斗争的焦点是房地产市场。这场疫情导致了一场缓慢升级的灾难，包括物价上涨、房屋因升级改造而无法租住和沦落到贫民窟居住等，随着新冠疫情在全球民众中传播，无力负担房租的人大量出现。在支付房租还是避免饿死之间，大量的人选择了后者，并寻求减免租金或暂缓从出租房中被驱逐。其结果是数量空前的罢工潮席卷了英国、美国、南非、巴西、西班牙、加拿大、法国和澳大利亚。[1]

收入损失的影响还意味着越来越多的人无法负担医疗保健，而且恰好就在他们最需要医疗保健的时候。西班牙政府第二次宣布封城的时候，马德里的抗议者呼吁更好的、更实惠的医疗保健政策。在西班牙的东部，巴塞罗那的抗议者高举"增加医疗保健，减少士兵"和"削减医疗保健就是谋杀"等标语。[2] 在欧洲和美国都产生了稍微温和但性质相似的要求。

私有化的食品供应链和分销商都无法应对如此规模的危机。封城和对感染疾病的恐惧导致恐慌性购物，使得全

---

[1] Amy Hall, 'Can't Pay, Won't Pay', *New Internationalist*, 27 May 2020.
[2] Angela Giuffrida and Sam Jones, 'Italy to Unveil Lockdown Relief Package as Protests Continue', *The Guardian*, 27 October 2020.

世界的超市看起来就像灾难片中看到的空荡荡的建筑。许多早已为生存而苦苦挣扎的人被迫依靠互助团体。在英国，这一情况给国家带来了压力，国家必须为每个家庭提供免费的生活必需品。这引发了对普遍食品服务的进一步要求，即为每个公民提供足够一周的食物，以及免费使用快递和餐馆。[1]

在美国黑人乔治·弗洛伊德（George Floyd）被一名白人警察暴力执法导致窒息而死之后，爆发的激进要求上升到振聋发聩的程度，而这只是黑人被警察虐杀的众多事件之一。美国黑人多年来都在承受国家的迫害和经济的忽略所带来的伤害，弗洛伊德之死引发了最后的愤怒。在结束于白人至上主义手中的黑人生命的重压之下，爆发了空前规模的抗议和暴乱，人们提出了削减对警察的拨款的强烈要求。这种要求穿越大西洋到达欧洲，然后传遍全球，要求摆脱被资本代理人经常性地导致窒息的生活。然而，这一要求远不只限于结束警察暴行。警察最初是为了阻止穷人对私有财产构成的暴乱威胁而被设计出来的，后来则发展成为更加直接为经济服务的机构，其目标是将种族化的剩余劳动力转化为监狱工业综合体的成员。被判有罪意味着没有工资，因此罪犯成为没有工资的劳动力，被迫在微薄的收入水平下或在没有收入的情况下劳动，作为其服刑的一部分。即使获释以后，他们的工资也始终低于他人，

---

[1] Jon Stone, 'Rebecca Long Bailey Calls for National Food Service to Help People in Isolation', *The Independent*, 23 March 2020.

加入工会和参加罢工行动的可能性要小得多。[1]因此警察和监狱是美国工资体系的内在组成部分；正如科洛弗一针见血地指出的，"警察制造资本"。[2]

在要求削减对警察的拨款的呼吁中，隐含着一条长期以来试图废除工资的秘密努力的线索，这种努力与"家务劳动也要工资"（Wages For Housework）的持续运动并行不悖。为了厘清这两种要求之间容易产生的混淆，西尔维娅·费德里奇（Silvia Federici）后来在一本名为《反对家务劳动的工资》（*Wages against Housework*）的小册子中对这一信息进行了调整。正如苏菲·刘易斯引人深思地提出的，重点不是"获得收入"，不是为家庭劳动争取基本收入，而是"对工资社会进行攻击的过程。这是一个黑色笑话，一种挑衅，一种奋起反抗的姿态"，其最终目的是为了实现一种乌托邦的理想。[3]同样，要求减少对警察的拨款，是以一种隐而不宣的方式朝一个废除工资的社会理想前进。

这些可能代表那些越来越多的无法负担基本生存条件——免费医疗、水电气、住房和食物、结束不必要的暴力机构——的人的天然要求。这些要求合在一起，揭示了一个隐藏的乌托邦理想。有人或许将其称为"普遍基本服务"（Universal Basic Services），即人类生存所必须的服务

---

[1] Adam D. Reich and Seth J. Prins, 'The Disciplining Effect of Mass Incarceration on Labor Organisation', *American Journal of Sociology* 125 (5), March 2020.
[2] Joshua Clover, '66 Days', Verso Books blog, 2 June 2020.
[3] Sophie Lewis, *Full Surrogacy Now: Feminism against Family*, Verso, 2019, p. 76.

应该免费获取,并且应该由民主决定和管理。但被剥夺者的要求比这更高。他们要求每个人都有充分的教育、医疗、食物和福利,不仅能够保证生存,而且能够保证每个人的充分发展。每一种要求都是一个共有世界的折射,是一种与我们当下世界相反的愿景,而在当下世界中少数人享受富足,而多数人陷入匮乏。

将这些被剥夺者的行动和要求视为具体的乌托邦似乎为时过早。但这样的愿景比以往任何历史时刻都要紧迫。资本主义一直是一个不合情理的体制,其特征是紧张和对抗,而这种紧张和对抗随时准备将其推向崩溃的边缘。今天,资本主义体制的可行性不仅在政治上,而且在本体论上都令人怀疑,已经开始威胁到生命本身的存在。充斥着气候灾难和致命流行疾病的晚期资本主义地狱,让其无限发展的承诺变得比以往任何时候都更加可疑,即使硅谷创造出近乎崇高的奇迹,股票市场以黑格尔所谓的"恶的无限性"的方式无限发展,这一切与大多数人的生活也并不相关。然而即使日趋恶意的资本主义体制剥夺了更多让生活可以忍受的东西,大多数人学会的是容忍,而不是对抗。不过,我们的地球很快就会变成不适合居住的星球。所以想想吧,我们必须怎么做。

在过去 10 年中出现的关于超越资本主义的乌托邦的描述中,很少有人认真地思考过由谁将这个乌托邦世界创造出来的问题。正如贝纳诺睿智地警告说,"没有愿景的运动是盲目的;而没有运动的愿景者则毫无行动能力"。[1]

---

[1] Aaron Benanav, *Automation and the Future of Work*, Verso, 2020, p. 99.

人类被告知需要一个未来。[1] 有人已经向我们描述了这一未来是什么样的，如"全自动富裕共产主义"的技术乌托邦，以及"绿色新政"的生态和谐等。[2] 然而，很少有人花时间讨论历史的主要推动主体和谁将带领人类迈向更美好的世界等不可避免的问题。现在看来，发动任何类似于20世纪的工人运动都是不可能的。我们必须在别的地方寻求可能。

在本章描写的未经工会同意的野猫罢工和封锁行动中，我们发现一个运动的前兆正在出现。这些事件都表明了未来几十年里的政治行动应该具有的性质。新冠肺炎是否能够真正催生人类该往何处去这一更宏大的愿景，还有待观察。然而，疫情暴发之后已经产生的许多要求提供了一个共同的愿景，一个更大的无收入者的运动可能会围绕这一愿景而出现。如果一场包括大量过剩人口的运动失败了，那么这种愿景的实现将几乎没有希望。对那些长期陷入绝望的人来说，希望出现了。正是那些被当下抛弃的人才拥有未来。

---

[1] Nick Srnicek and Alex Williams, *Inventing the Future: Post-capitalism and a World without Work*, Verso, 2015.
[2] 关于绿色新政的详细描述，参见 Kate Aronoff, Alyssa Battistoni, Daniel Aldana Cohen and Thea Riofrancos, *A Planet to Win: Why We Need a Green New Deal*, Verso, 2019。

# 后 记
## 微工作乌托邦？

如果工资总是在丢失，那我们必须想象一个摆脱了工资的世界会是什么样的。

我们这个时代并不缺乏对未来的预言，然而这个硅片奇迹的时代常常让人觉得我们的未来是二流科幻作家写成的。如前一章所述，尼克·兰德式的法西斯主义黑暗启蒙预言为这一灰暗的推测提供了一个特别极端的例子。埃隆·马斯克（Elon Musk）预言人类将离开垂死的地球，前往火星的红色牧场，他的火星乌托邦就其纯粹的大胆而言，并不落人后。但这些愿景都没有设想一个没有工资的世界，而只是提供了一个更加糟糕的资本主义形式，或看起来像封建主义的东西。如同沙漠中的海市蜃楼，只会让我们更加绝望。

今天的左派也产生了自己的后工业时代的愿景者，他们中有很多人认为，创造更加美好世界的技术条件已经就绪。[1] 在最好的情况下，这些愿景向我们展示了在我们这个似乎荒芜贫瘠的现实中隐藏着的可能的世界。在最坏的情况下，这些愿景开始变得与技术的愿望清单相类似。在2008年危机之后，这种想法大肆发展，而我们软弱无力的自由民主国家继续以进步的名义体现出其虚弱无能。

令人欣慰的是，今天关于新世界最清晰的理想可以在被剥夺者的斗争中找到。一个人人享有体面的住房、教育和医疗保健的世界在垂死的资本主义体系边缘被设想出来。然而，要使这一设想成为现实，将依赖于前一章中描述的运动的进一步发展。这种设想在整个资本主义中周期性地出现，而当与资本主义体制的对抗最强烈的时候，这种设想就会以直接挑战资本主义霸权的运动和事件的方式出现。对今天来说，像1871年巴黎公社那样的事件具有梦幻般的特征，在72天里，由被剥夺者领导的起义将巴黎这座城市变成了一个自治公社。巴黎公社的精神在1960年代的反抗运动中得以重现，并在2000年代后期的占领运动中再次出现。这些事件尽管如梦似幻，但在当下时刻又有了重新出现的可能。对于全球北方的很多人来说，今天体验到的资本主义可能与19世纪法国巴黎公社社员的经历没有太大不同，他们中的大多数人整天都在寻找工作，而不是在工作。[2] 二者的不同或许在于公社社员的想象和组织的纯粹意志。

在2008年以来出现的、随后在新冠疫情危机期间被进一步催化升级的斗争中，与巴黎公社相似的设想再次变得

---

[1] See Aaron Bastani, *Fully Automated Luxury Communism*, Verso, 2019. See also Paul Mason, *Postcapitalism: A Guide to Our Future*, Penguin, 2016.

[2] Kristin Ross, *Communal Luxury*, Verso, 2015, p. 3.

明显，克里斯汀·罗斯将这一设想称为"公共奢侈品"。[1]虽然这种设想还没有以取代资本主义的真实世界的方式出现，但人们还是从中想象出一个不同的世界，在其中，生活必需不再主宰我们的生活，每个人都拥有足够的医疗保健、住房、食物和教育。这些要求提供了想象一个新世界的路线，一个以物质富裕为前提的社会富裕的世界，无论是智力追求，还是情感表达，一切都具有更大的自由度和自主性。

很多作家已经探讨过 21 世纪社会富裕可能采取的形式。如罗斯指出，社会富裕可能意味着所有人都能实现其"审美潜力"，因此"世界不再分为那些有资格利用文字和图像进行艺术创作的人和那些没有资格这样做的人"。[2]或许社会富裕意味着一个相对智力自由和感情自由的世界。这并非用模糊的语言讨论一个不可能的幸福满足的世界，而是讨论感情和欲望不再升华为制造痛苦和驯服的规范性的危险形式。正如安德莉亚·珑·楚所说，我们能够宣称"消极的情感——悲伤、自我厌恶、羞耻、后悔"应该成为"与医疗保健和食品一样普遍的人权"。[3]与更大的物质安全相应，性别种类稀少的主导模式可能会被废除，取而代之的是性别丰富性，"一百种性别都会各得其所"。[4]

然而，在后稀缺世界里，实现物质富裕所需的劳动

---

[1] Ross, *Communal Luxury*.
[2] Ross, *Communal Luxury*, p. 22.
[3] Andrea Long Chu, 'My New Vagina Won't Make Me Happy: And It Shouldn't Have To', *New York Times*, 24 November 2018.
[4] Helen Hester, *Xenofeminism*, Polity, 2018, pp. 30—31.

力，即必需领域，可能会是什么样子，却很少有人对其进行思考。19世纪博学多才的社会主义者威廉·莫里斯认为，这样的秩序必须"在劳动自由的基础上建立社会"。[1]这并非意味着可以完全免除劳动。依然需要一些工作来维持后稀缺世界的秩序。可以肯定的是，"狗屁不如的工作"（bullshit job）将被完全废除，而那些仅仅因为比机器完成更加便宜而让人类完成的危险工作将被自动化的机器完成。[2]但仍然会有大量工作要么超出机器的能力范畴，要么需要用来建立社会和生态纽带以维持人的幸福和防止人的异化。正如安德烈·戈兹提醒我们的，工作有助于形成各种共同体，并与其他类型的共同生活相平衡，例如倾向于自给自足的家庭。[3]基于这些原因，关于后稀缺社会的自由王国可能是什么样子的重要讨论，还应该对哪些工作将是必需，以及如何组织这些工作有清晰的理解。

确保每个人都能够获得食物、住房、教育和医疗保健所需要的劳动将在整个社会中平均分配。传统的有薪酬的工作将被公平分配，而护理和家务将不再按照性别划分。妇女不再因暴力或威胁的逼迫而生育，或照料小孩和家人。事实上，没有人将被迫在生存的痛苦或政治的胁迫下劳动。"需要"在富裕的社会中不再意味着"被迫"。关于谁来工作、什么时候工作、什么样的工作和多少工作的决

---

[1] William Morris, 'The Hopes of Civilization', in A. L. Morton, ed., *The Political Writings of William Morris*, Wishart, 1973, p. 175.

[2] David Graeber, *Bullshit Jobs*, Simon and Schuster, 2018. 格雷伯用"狗屁不如的工作"来指那些毫无意义，并被从事这些工作的人认为是"狗屁不如"的工作。

[3] Andre Gorz, *Farewell to the Working Class: An Essay on Post-Industrial Socialism*, Pluto, 1982, p. 102.

定，将由民主的方式进行。莫里斯在其经典文章《有用的工作与无用的苦工》中声称，即使是最艰苦的劳动也应该变得愉快。要实现这一目标，就需要将工作、艺术和娱乐之间的界限尽可能模糊，劳动本身应该多样化，而劳动日应该缩短至短短几个小时。[1]"我们的一生都将是度假。"莫里斯总结道，"只要我们下定决心将所有的工作变得合理和愉快。"[2]

想要在微工作中寻找莫里斯关于愉快的、有意义的工作的梦想，似乎非常荒诞。任务的单调、常规性的缺乏、收入和职业的双重不稳定性，都表明微工作与莫里斯的伊甸园愿景背道而驰。然而这些糟糕的品质并非微工作本身固有的特点，而是工资关系剥夺了工作过程的满足感和意义而导致的结果。实际上，微工作对工人的承诺——独立、灵活、悠闲的工作生活——与莫里斯提出的工作的世界惊人地相似。在工资社会中，这种承诺之所以被破坏，是因为这些品质往往意味着贫困和不稳定。然而，在一个无工资的社会里，微工作为如何组织工作生活提供了一个令人惊讶的富有吸引力的愿景，就好像我们今天的废墟之中隐藏着一个"具体的乌托邦"。[3]

特别令人感兴趣的是工人在一天之内能够完成的任务的领域之广。莫里斯和马克思等思想家认为这种多样性对于满足社会需求和个人需求的工作来说至关重要。微工作遵循灵活和独立的原则，不是因为这些品质对工人有利，

---

[1]　William Morris, *Useful Work versus Useless Toil*, Judd Publishing, 1919, p. 14.
[2]　Morris, *Useful Work*, p. 11.
[3]　See Ernst Bloch, *The Principle of Hope*, MIT Press, 1995.

而是因为它们有助于资本逃避对劳动力的责任。在工资社会中，在一天内为20个任务发布者工作，在经济体系中承担尽可能多的角色，事实表明并不能为劳动者提供独立性和积极性，而只能带来单调乏味、旷日持久的生存挣扎。但是在后稀缺世界里，工资及其相关的劳动分工业已消失，完全可以将所需要的少量工作根据工人的利益进行多样化分配。

在微工作网站上一天可以从事很多种任务，它以一种扭曲的方式，向我们揭示在一个共同富裕的世界里劳动可以非常多样化。正如马克思和恩格斯所言：

> **在共产主义社会里，任何人都没有特定的活动范围，每个人都可以在任何部门内发展，社会调节着整个生产，因而使我有可能随我自己的心愿今天干这事，明天干那事，上午打猎，下午捕鱼，傍晚从事畜牧，晚饭后从事批判，但并不因此就使我成为一个猎人、渔夫、牧人或批判者。**[1]

破坏个人发展的微任务，以残酷剥削的方式为这一愿景提供了一个扭曲的版本。但是微任务依然可以促使我们质疑，在我们现在的资本主义制度下，那些所谓的工作只不过是职业的可悲的拟像。在一个工作可以被分为微小单

---

[1] Karl Marx and Frederick Engels, *The German Ideology*, Lawrence and Wishart, 1999, p. 54. 本段译文引自《马克思恩格斯全集》（第三卷），中共中央马克思恩格斯列宁斯大林著作编译局，北京：人民出版社，1960年，第37页。

元的数字时代，微任务要求我们重新思考职业的连贯性。当然，不同程度伤害人类心灵的任务无法替代马克思所说的尘世追求的疲惫之旅。但是，如果我们关注其组织形式，而非其内容，我们就有可能找到马克思和莫里斯等作家所设想的工作的灵活性。尽管工程师、医疗专业人员和教师等诸多工作很难像数据工作一样进行分割，但完成这些工作所需的时间仍然可以以更公平和更合理的方式进行分配。实际上，一个没有工资的社会仍然需要受过特定职业培训的人，但这一职业既非其唯一角色，也非其主要的日常活动，而是众多活动之一。一个人可以在早上当几个小时的医生，然后当一个农民，下午写一写小说。因为有足够多的人受过医疗培训，因此没有人必须牺牲丰富而有意义的生活为代价来扮演这个角色。正如戈兹所写：

> **有些工作如果每天整天都在做，例如分拣邮件、收集垃圾、清洁和修理等，就会让人难以忍受，但如果将这些工作给所有人，那么每个人每天只需要 15 分钟就可以完成，这样的工作就是众多工作中短暂的间隔而已。如果一个工作一年或一生只需要做几天，那么这样的工作甚至可能成为一种大受欢迎的消遣和娱乐，例如一定的农业或林业工作现在就已经具有这种特征。**[1]

微工作网站让我们想象一个新的世界，其中不仅每项任务的时间被大大缩短，而且工作总体的时间也被大大缩

---

[1] Gorz, *Farewell to the Working Class*, p. 103.

短。这些网站将劳动报酬降到最低，导致工人花更多的时间寻找工作，而不是实际完成工作。这一体制本质性的非理性，让所有人都依赖工资，但无法让所有人都获得工资，这种制度不仅是对劳动力资源的低效利用，而且会损害工人的身心健康。在这种情况下，工作时间减少就意味着收入减少，从而生存的机会也随之减少。但是在一个生存已经不再依赖收入的社会里，在一个所有人都已经被赋予全面发展的物质基础的社会里，这个问题就不存在了。在技术的帮助下，摆脱了不必要的辛苦工作，社会劳动只占我们生活的一小部分。就像在微工作网站上一样，机器学习算法可以用来计算和分配现有的工作，但总会优先保证每个人的空闲时间和自主权。

除了减少工作总量之外，机器学习还可以用来提高工人的体验品质。大数据的反馈基础设施可以被用来分配工作，但其方式不仅根据工人的表现，而且照顾工人的偏好。但和前一章提到的数据工厂不同，因为数据工厂里机器学习算法是根据工人过去的表现来决定哪些工人完成哪些任务，而在这里，算法在分配工作的时候，优先考虑每个工人的快乐和兴趣。

最后，工作的游戏化也并不一定是一种压迫性的策略。如果撇开促使管理精英采取游戏化策略的经济目的，我们有可能承认，即使是今天令人压抑的工作游戏化形式也体现了人们的一种愿望，即希望工作更加有趣和愉快。在一个没有工资的世界里，Playment等公司所承诺的快乐劳动将被实现，劳动成为乐趣和游戏，而不是生产收益。工作游戏化不再用于对工作过程的监管、合理化和监视，而是用于减少单调乏味的苦差事。机器将不再用于节省劳动力成本，迫使工人更加辛苦工作，让有技术的工人从事毫无技术含量的苦工，而是让工作变得更加有趣。在某种程度上，评价和评分系统可能会代替工资，成为激励适当劳动的手段。评分系统不是决定谁将获得报酬和谁将存活下来，而是作为一种软性的鼓励形式、好玩的竞争方式，让原本压抑辛苦的劳动成为游戏。爱德华·贝拉米在其1888年镀金时代的小说《向后看》中，描述了2000年的社会主义乌托邦，这里工资与金钱、不平等和战争一起消失了。小说描述了一种道德和荣誉激励系统促使人去工作，而不是残酷的经济压力迫使人工作。[1] 微工作网站上的公共评分系统中存在一些类似的激励措施。但是，虽然Mechanical Turk的"大师"资格等奖励让工人能够获得报酬更高的工作，但在后稀缺经济中，类似的荣誉反而被用来赋予杰出的地位，激励人们从事单调或艰苦的工作。

平台经济及其承诺的硅片理想国不仅是资本的再生神话的源泉，也是一个社会实验室，我们可以从中找到长期困扰社会主义理想的问题的惊人的答案。什么时候使用决策算法（什么时候不用）的问题，对于沉溺于数字解决主义的平台经济来说毫无吸引力。同样，很少有人关注工作灵活性如何使工人真正受益，或者平台如何为工资之外的工作提供新的动力。这些仍然都是任何社会主义构想所必须面对的问题。

如同前一章所示，如果不能把越来越多的所谓的过剩

---

[1] Edward Bellamy, *Looking Backward, 2000—1887*, Oxford, 2007, pp. 39—44.

人口纳入其中，任何社会理想都不会成功。但是要激发一场能够带来美好世界的运动，将需要一种自由和满足生活必需的愿景，这个愿景不仅是可信的，而且与当前这个只能带来越来越多的苦难和地球崩溃的资本主义系统截然不同。对大部分人来说，当下仍然可以忍受，以至于未来仍然难以想象。很快，一个难以想象的未来可能会变成一个不适合居住的未来。面对气候灾难，资本主义仅仅提出一种技术解决主义 + 积累 + 死亡崇拜的方案。似乎是为了证明资本主义的毁灭本质，面部识别摄像头的制造目的是逮捕数十亿因气候灾难而流离失所的人，而不是拯救他们；一个聊天机器人只能在地球燃烧之时毫无意义地说着它的陈词滥调。

与这种想象力的失败形成鲜明对比的是硅谷利用资本主义体系的受害人群来获利的想象力，硅谷设计出仅比完全失业的生活稍胜一筹的工作形式。微工作指向一个未来，那时工人的主要工作就是生成数据，将自己的工作自动化，从而将其消除。但基于同样的原因，微工作也可以指向一个没有工资的世界，工作在我们生活中的比重降低，我们在工作时间和内容上有更多的选择。用历史学家汤普森的话说，这个理想世界不会像太阳一样按时升起，它必须被人制造出来。[1] 在全球范围内越来越多的弱势群体发动的斗争之中，这一世界的光芒变得越来越强烈。在资本主义进入最黑暗的历史时刻，新世界的曙光开始闪烁。

---

[1] See E. P. Thompson, *The Making of the English Working Class*, Penguin, 1991, pp. 8—9. 关于工人阶级，汤普森说："工人阶级不会像太阳一样按时升起。它目前正在孕育当中。"

# 致 谢

我首先感谢沃索出版社的编辑 John Merrick，他的耐心、兴趣和支持使这本书成为可能。我还要感谢其他为本书付出辛勤劳动的人，特别是 Leo Hollis 和 Duncan Ranslem。感谢 James Muldoon、Mitch Pass 和 Trahearne Falvey，他们对早期书稿的认真阅读极大提高了本书的质量，而且鼓励我继续本书的书写。还要感谢 Will Stronge，没有他当初的鼓励和慷慨，我不可能完成本书。感谢 Maisie Ridgway、Kat Sinclair 和 Elly Clarke，以及"数字技术读书会"（Digital Technology Reading Group）的其他成员；我们讨论的很多内容都出现在了本书之中。特别感谢 Isabella Cipirska、Paul Williams 和 Sam Briggs，他们经常倾听我对本书写作的抱怨和担忧，并在我的每一步研究中给予我支持。你们持久的热情非常具有感染力。还有很多人的鼓励、兴趣和阅读建议让我的工作成为可能，他们包括 Richard Godden、Annie McClanahan、Nick Srnicek、Julian Siravo、Doug Haynes、Natalia Cecire 和 Aaron Benanav。还要感谢布莱顿读书俱乐部的 Katie Hanlon 和 Matthew

McConkey，以及伦敦读书俱乐部的 Mike Jones。感谢我在布莱顿的其他朋友：James Kelly、Leah Caprio、Rhiannon Scott、Richie Maslin、Joe Trueman、Simon Jeavons、Grace Marshall、Louie Londt 和 Marius Holtan，他们让糟糕的时光可以忍受，让美好的时光更加美好。感谢我认识最久的朋友：Tomos Hughes、Ruth Wallbank、Alex Shenton、Ciara Shenton、Rich Dooley、Amy Chevin、Pete Bray、Rhian Hughes、Mabli Godden、Scott Ralph 和 Cath Ralph。最后感谢 Rich Jones、Zillah Holford、Tony Jones 和 Penny Vincent，他们在我的每一步中都给予了支持。

本书献给我的伴侣 Isa，是她提醒我，一个更加美好的世界是有可能实现的。

WORK WITHOUT THE WORKER
By PHIL JONES
Copyright © 2021 BY PHIL JONES
This edition arranged with VERSO BOOKS
through Big Apple Agency, Inc., Labuan, Malaysia.
Simplified Chinese edition copyright：
2023 SHANGHAI TRANSLATION PUBLISHING HOUSE
All rights reserved.

图字：09-2022-153号

**图书在版编目(CIP)数据**

后工作时代/（英）菲尔·琼斯(Phil Jones)著；陈广兴译．—上海：上海译文出版社，2023.8
（译文坐标）
书名原文：Work without the Worker：Labour in the Age of Platform Capitalism
ISBN 978-7-5327-9251-1

Ⅰ.①后… Ⅱ.①菲… ②陈… Ⅲ.①工作-研究 Ⅳ.①F243.2

中国国家版本馆 CIP 数据核字(2023)第117180号

**后工作时代：平台资本主义时代的劳动力**

[英]菲尔·琼斯 著 陈广兴 译
责任编辑/刘宇婷 薛 倩 内文版式/张擎天 封面设计/赤 祥

上海译文出版社有限公司出版、发行
网址：www.yiwen.com.cn
201101 上海市闵行区号景路159弄B座
启东市人民印刷有限公司印刷

开本787×1092 1/32 印张4.5 插页2 字数94,000
2023年8月第1版 2023年8月第1次印刷
印数：0,001—8,000册

ISBN 978-7-5327-9251-1/C·109
定价：38.00元

本书中文简体字专有出版权归本社独家所有，非经本社同意不得转载、摘编或复制
如有质量问题，请与承印厂质量科联系。T：0513-83349365

译文坐标

## 001

## 《买房让日本人幸福了吗?》

作者:［日］榊淳司　　译者:木兰

定价:38元　　出版时间:2022年7月

公寓楼房这一钢筋混凝土结构住宅真正开始进入日本人生活是在约六十年前,而今已成为大都市的主流住宅形态。然而,随着住户的高龄化与建筑物的老朽化,越来越多的问题开始出现,甚至在你还清房贷之前它就有可能沦为废墟。此外,周而复始的房产泡沫、郊外新建公寓十年后折价一半、高层建筑的安全隐患、缺少业委会民主监督导致物业管理者肆意侵占房屋维修基金……住房如何才能使人幸福?从业三十年的日本资深房产顾问为你解读这些鲜为人知的问题,揭开房产中介绝不愿意透露的行业机密。

## 002

## 《医疗再生——日美现场报道》

作者:［日］大木隆生　　译者:谭甜甜

定价:36元　　出版时间:2022年7月

这是一个颠覆"白色巨塔"的热血外科医生故事。

他孤身赴美,从无薪的实习医生成为年薪过亿的明星医生。

为寻回诊治同胞的心动感,他放弃高薪回国,接手了陷入绝境的母校医院外科,并在短短几年间,将日本的血管外科提升到国际先进水平。

日美医疗体系对比、医务人员过劳现状、医疗事故调查制度……"拯救医患关系"的改革从何而生?在本书中,你将倾听到世界级名医大木隆生从手术室现场发出的声音。

## 003
## 《"废除文科学部"的冲击》

作者：[日] 吉见俊哉　　译者：王京、史歌

定价：38 元　　出版时间：2022 年 7 月

2015 年，日本国内传出文部科学省要"废除大学文科学部"的消息，一石激起千层浪，引发了社会震荡。尽管最终证明只是虚惊一场，但也让不少有识之士重新审视了日本社会长期以来重理轻文的问题，其中影响力最大的莫过于前东京大学副校长、著名社会学家吉见俊哉的这部著作。

大学只是用来培养精致的利己主义者的地方吗？18 岁、35 岁、60 岁，人生三次入大学分别能学到什么？在日新月异的未来社会中，什么样的人才不会落伍？……本书将围绕上述问题逐一回答，彻底颠覆"文科无用"的社会"常识"。

## 004
## 《吸血企业——吃垮日本的妖怪》

作者：[日] 今野晴贵　　译者：王晓夏

定价：38 元　　出版时间：2022 年 7 月

在日本，人们将那些以少到让人无法规划未来的薪资和让私生活崩溃的超时劳动来压榨年轻人，并将他们"用后即弃"的无良公司称为"吸血企业"。其常见特征有：大量录用大量解雇、夸大薪资待遇、正式员工有名无实、战略性地进行职场霸凌、不支付加班费……它们不仅破坏了员工的身心健康与雇佣双方之间的信任，也向社会转嫁了成本，威胁到消费者和市场的安全，影响恶劣深远。要遏制这一现象需要全社会的共同努力。

本书是日本知名的社会学者、劳动关系专家今野晴贵的代表作，曾获 2013 年大佛次郎论坛奖和 2014 年日本劳动社会学会奖励奖。

## 005

## 《人类世的"资本论"》

作者：[日]斋藤幸平　　译者：王盈

定价：45元　　出版时间：2023年6月

　　85后天才经济学家斋藤幸平代表作，打破"经济增长"的魔咒，在危机时代重新发现马克思。

　　物种灭绝、生态污染、二氧化碳超标……现代化带来的经济增长曾许诺我们富裕，实则不断透支人类的生存资源。超富裕阶层或许还能维持奢侈，我们绝大多数平民却不得不拼命寻找活下去的方法。要在资本主义的尽头找到突破，需要回到马克思，尤其是在与生产力至上主义和欧洲中心主义诀别的马克思晚年思想中，重新发现"可持续性"和"社会平等"实现的可能性。在环境危机刻不容缓的当下，"去增长共产主义"这唯一可行的选项终于浮出水面。

## 006

## 《后工作时代》

作者：[英]菲尔·琼斯　　译者：陈广兴

定价：38元　　出版时间：2023年8月

　　比"狗屁工作"更可怕的，是"工作"本身的分崩离析！

　　从无人驾驶汽车到图像搜索，数字经济突飞猛进的背后，是少有人知的暗箱劳动——处理大量数据不是AI，而是通过网络远程接单的贫困人口。系统不再创造有发展前景的新工作机会，也不再推动生产力进步。廉价的人类劳工变成人工智能的末端，从事最枯燥重复的外包工作，还得不到正式聘用的保障。本应照亮我们世界的工具正在将我们扔进技术引发的新的蒙昧之中，并最终陷入野蛮状态。

　　我们是如何走到今天这一步的？如何才能阻止终极噩梦的降临？

# 007
## 《没有面目的人》

作者：[美] 理查德·桑内特　　译者：周悟拿

讲究个人品格、相信工作的意义、不断提高技艺并成为不可替代的行家已经是上一代的传说。而在心浮气躁、只顾眼前的现代社会中，"谁需要我？"成了一个受到巨大挑战的问题。现代资本主义散发着冷冰的气息，对人们的努力无动于衷。每个人都被设计成可以被替代，也因此没有任何理由被需要。在这个让我们漂浮不定的资本主义制度中，如何找回我们对工作的掌控权？

与阿伦特、哈贝马斯齐名的公共生活研究者桑内特与你一起探讨打工人的困境与出路。

# 更多作品
# 敬请期待

······